中国語 ZHONGGUOHUA
暮らしのことば

中国語友の会 編

大修館書店

まえがき

　本会は，先に『中国語　基礎知識―まるごとわかるこの1冊』を編集し，大修館書店から発行しました。幸い類書の少ないこともあって，好評を得ることができました。

　『中国語　暮らしのことば』はそれに続くものです。

　本書は，生活のパターンを類型化し，中国人の日々の暮らしとことばとを結び付けようと試みました。（Ⅰ）「こんなときどう言うの？」は，日常の暮らしの中で出会う中国語表現が体系的に網羅されています。とりわけ有効なのが，表現についての細心周到な注記でしょう。（Ⅱ）「祝祭日のことば」は，中国の祝祭日とその時どう言えばいいのかがまとめられています。中国社会の急激な変化で，祝祭日も大きく変わりました，その最新の情報も紹介されています。（Ⅲ）「慶弔のことば」では，愛の告白から始まって，結婚式，お葬式の場面で，どういえばよいか，微妙な表現が紹介されます。（Ⅳ）「中華新意匠―暮らしに生きる伝統図案」では，中国人の感性を視覚から探ろうと試みました。この1冊で，さあ明日からでも何の不安もなしに中国人の社会で生活できる，そんな狙いで編集しました。

　本書にご執筆していただいた先生方は，現在の日本の中国語教育の第一線で活躍されている方々です。長い中国語教育のキャリアを積んだ先生方が，お忙しい中，全身の力を注いで執筆してくださいました。

　本書を編集する「中国語友の会」は，40年にわたって月刊雑誌『中国語』（現在休刊中）を編集してきたスタッフが集う会です。また本書を刊行していただく大修館書店には，日本と中国との間にまだ国交もなかった1969年4月から1990年3月までの21年間，雑誌『中国語』を発行していただきました。本書も，雑誌『中国語』が土台となって生まれました。本会と重なる縁を持つ大修館書店から，このような形で本書を発行できることは，この上ない喜びです。

2008年3月

中国語友の会
東京外国語大学名誉教授
高橋　均

中国語　暮らしのことば　目次

まえがき　　　　　　　　　　　　　　　　　　　　高橋　均　　❸

〔Ⅰ〕こんなときどう言うの？―日常生活のなかの中国語表現集　平井和之　❼

- 1―顔見知りに出会ったとき　❽
- 2―「久しぶり」「今どう？」　❾
- 3―初対面のとき　❿
- 4―公の場での最初のあいさつ　⓫
- 5―訪問時には　⓫
- 6―別れのあいさつ　⓬
- 7―感謝を表わす　⓯
- 8―あやまるとき　⓰
- 9―謙遜する　⓱
- 10―慶祝の場合　⓱
- 11―見知らぬ人に声をかけるには　⓲
- 12―尋ねる　⓴
- 13―依頼するとき　㉑
- 14―同意するとき　㉒
- 15―反対したいとき　㉔
- 16―忠告する，気遣う，なだめる　㉘
- 17―申し出，進言　㉙
- 18―評価　㉚
- 19―注意喚起，話題転換　㉜
- 20―プレゼントの授受　㉝
- 21―商店やレストランにて　㉞
- 22―電話にて　㉟
- 23―失敗したとき　㊲

〔Ⅱ〕祝祭日のことば　　　　　　　　　　　　　孫　国震／依藤　醇　㊴

1. 中国の祝祭日と法定の休日　㊵
2. 各祝祭日とお祝いのことば　㊶
   - 1―"元旦" Yuándàn（元旦）　㊶
   - 2―"春节" Chūnjié（旧正月）　㊹
   - 3―"元宵节" Yuánxiāojié（小正月；元宵節）　㊼
   - 4―"情人节" Qíngrénjié（バレンタインデー）　㊽
   - 5―"三八妇女节" Sān-Bā Fùnǚjié（国際婦人デー）　㊽

6―"植树节" Zhíshùjié（植樹デー）		49
7―"清明节" Qīngmíngjié（清明；清明節）		49
8―"五一劳动节" Wǔ-Yī Láodòngjié（メーデー）		50
9―"五四青年节" Wǔ-Sì Qīngniánjié（青年の日）		50
10―"端午节" Duānwǔjié（端午の節句）		51
11―"母亲节" Mǔqinjié（母の日）		51
12―"六一儿童节" Liù-Yī Értóngjié（国際児童デー）		53
13―"父亲节" Fùqinjié（父の日）		54
14―"七夕节" Qīxījié（七夕祭り）		55
15―"八一建军节" Bā-Yī Jiànjūnjié（中国人民解放軍建軍記念日）		56
16―"中秋节" Zhōngqiūjié（中秋）		56
17―"重阳节" Chóngyángjié（重陽）		58
18―"教师节" Jiàoshījié（教師の日）		59
19―"国庆节" Guóqìngjié（建国記念日；国慶節）		60
20―"圣诞节" Shèngdànjié（クリスマス）		61

〔Ⅲ〕慶弔のことば　　　　　　　　　　　　　　　孫　玄齢／小林二男　　63

 Ⅰ　慶事のことば　　64
  1―中国の伝統的結婚儀礼について　　64
  2―現代の恋文と短い愛情表現のことば　　65
  3―現代の結婚礼儀における各種の祝辞　　67
  4―常用の祝いことば及び祝いの対聯　　81

 Ⅱ　弔いのことば　　84
  1―中国の伝統的葬儀儀礼について　　84
  2―現代の葬儀儀礼の過程及び用いられる文例　　85

〔コラム〕"你好" Nǐ hǎo がヨロシイわけ　　　　白井啓介　　98

〔Ⅳ〕中華新意匠――暮らしに生きる伝統図案　　　馮　日珍／鈴木直子　　101
  1―服飾類　　102
  2―小物類　　110
  3―商標，ロゴマーク　　122

あとがき　　　　　　　　　　　　　　　　　　　　　　白井啓介　　126

I
こんなときどう言うの？
―日常生活のなかの中国語表現集―

平井和之

外国語を学ぶからにはその言語の話者と自由に意思の疎通ができるようになりたいという思いが当然あるでしょう。正しい発音を習得し，語彙力と文法知識をコツコツと積み上げたとしても「外国人臭」の残る，即ち「言っている意味はわかるが，表現のしかたに違和感がある」表現になりがちです。その原因の多くは決まりことばその他の言語的習慣にそぐわない表現であることにあります。

ここでは実際に中国で生活するのと同様な学習効果が少しでも得られるように，中国人の日常生活でよく用いられる決まりことばや定型的表現を集めました。もとよりほんの一部にすぎませんが，これらの表現を通じて中国語や中国人の発想法になじんでください。

あまり難しい語彙や複雑な文法事項は出てきませんが，逆に単純であるがゆえの話しことば特有の難しさがあります。語学的に正確に理解できなくてもかまいません。むしろそのままの形でまるごと覚える方がよいでしょう。

なお，日本語訳は，日本でこのような場面であれば用いられるであろう表現を引き当ててあります。

- ❽　1―顔見知りに出会ったとき
- ❾　2―「久しぶり」「今どう？」
- ❿　3―初対面のとき
- ⓫　4―公の場での最初のあいさつ
- ⓫　5―訪問時には
- ⓬　6―別れのあいさつ
- ⓯　7―感謝を表わす
- ⓰　8―あやまるとき
- ⓱　9―謙遜する
- ⓱　10―慶祝の場合
- ⓲　11―見知らぬ人に声をかけるには
- ⓴　12―尋ねる
- ㉑　13―依頼するとき
- ㉒　14―同意するとき
- ㉔　15―反対したいとき
- ㉘　16―忠告する，気遣う，なだめる
- ㉙　17―申し出，進言
- ㉚　18―評価
- ㉜　19―注意喚起，話題転換
- ㉝　20―プレゼントの授受
- ㉞　21―商店やレストランにて
- ㉟　22―電話にて
- ㊲　23―失敗したとき

1 ── 顔見知りに出会ったとき

■相手の呼称を言う〔日本人は呼びかけられると何か用事があるのかと思いがちですが，実際には単なるあいさつに過ぎません。〕

対等の立場あるいは目下で親しい間柄であればよくフルネームで呼び合います。	张子荣！── 蒋利权！ Zhāng Zǐróng! ── Jiǎng Lìquán!	おーす。── よお。
姓のみの場合もあります（但し前に"老" Lǎo あるいは"小" Xiǎo をつける）。	哎，老杨！ Ai, Lǎo Yáng!	ああこんにちは。
目上には姓に身分や敬称をつけます。名は言わない方が失礼になりません。	李老师！ Lǐ lǎoshī!	李先生こんにちは。
	袁头儿！ Yuán tóur!	おはようございます。 注）"头儿" tóur は「上司」の意の若干くだけた言い方。
	林先生！ Lín xiānsheng!	林さんこんにちは。
後に"好" hǎo や"早" zǎo を加えることもあります。	方师傅好！ Fāng shīfu hǎo!	方さんこんにちは。
	王大夫早！ Wáng dàifu zǎo!	王先生おはようございます。
"你好" nǐ hǎo や"您好" nín hǎo は，以前は外国人相手の形式ばったあいさつとされていましたが，現在では中国人どうしでも日常的に用いられます。	诶，陶姐，你好！ Ê, Táo jiě, nǐ hǎo!	おや，陶さん，こんにちは。 注）"～姐"～jiě は年上の女性に対して用いる。男性であれば "～哥"～gē。
	潘总您好！ Pān zǒng nín hǎo!	社長おはようございます。 注）"～总"～zǒng は "总经理" zǒngjīnglǐ（社長）のこと。
■相手の行動を尋ねることでもあいさつになる	上哪儿？ Shàng nǎr?	どちらへ？
	干什么去？ Gàn shénme qù?	何しに行くの？

	忙什么呢？ Máng shénme ne?	何してるんだい？
	上班儿啊？ Shàngbānr a?	ご出勤ですか。
	买菜去啊？ Mǎi cài qù a?	買物ですか。
	吃饭了吗？ Chī fàn le ma?	食事済んだ？
■帰ったときのあいさつ	妈，我回来了。 Mā, wǒ huílai le.	おかあさん，ただいま。
	你回来了？——嗯，回来了。 Nǐ huílai le? —— Ng, huílai le.	お帰りなさい。——ただいま。 注）日本では「ただいま」が先になることが多いが，中国では「あらお帰りなさい」が先になる。

2 ── 「久しぶり」「今どう？」

	这不是老李吗？你好啊？ Zhè bú shì Lǎo Lǐ ma? Nǐ hǎo a?	李さんじゃない，お元気？
	好久不见！您好吗？ Hǎojiǔ bújiàn! Nín hǎo ma?	ご無沙汰してます。お変わりございませんか。
	少见少见！ Shǎojiàn shǎojiàn!	久しぶりですね。
	最近怎么样？ Zuìjìn zěnmeyàng?	このところいかがですか。
	身体怎么样？——还算不错。 Shēntǐ zěnmeyàng? —— Hái suàn bú cuò.	お元気でいらっしゃいますか。——まあ何とか。
	最近忙吗？——还行。 Zuìjìn máng ma? —— Hái xíng.	忙しい？——ええまあ何とか。

■家族の具合を尋ねる

夫人好吗？
Fūrén hǎo ma?

奥さんお元気ですか。

家里都好吗？
Jiāli dōu hǎo ma?

ご家族みなさんお元気ですか。

3──初対面のとき

您贵姓？── 我姓黄。
Nín guìxìng? ── Wǒ xìng Huáng.

失礼ですがお名前は？ ── 私は黄と申します。
　注）"贵姓" guìxìng は相手の姓を丁寧に尋ねる疑問語句。

您贵姓？── 免贵，姓黄。
Nín guìxìng? ── Miǎnguì, xìng Huáng.

失礼ですがお名前は？ ── 黄と申します。
　注）"贵姓" guìxìng で姓を尋ねられたときに "免贵" miǎnguì と答えるのは若干古い習慣であったが，現在再び若い人でも用いるようになっている。

您是……？── 我姓张，是这里的主任。
Nín shì ……? ── Wǒ xìng Zhāng, shì zhèli de zhǔrèn.

失礼ですが…… ── 張と申します。ここのチーフをしております。

我来介绍一下，这是我的妹妹。
Wǒ lái jièshào yíxià, zhè shì wǒ de mèimei.

えーと，私の妹です。

这位是……？── 我来介绍一下，这是我们公司的孙经理。── 你好。我姓孙。
Zhè wèi shì ……? ── Wǒ lái jièshào yíxià, zhè shì wǒmen gōngsī de Sūn jīnglǐ. ── Nǐ hǎo. Wǒ xìng Sūn.

失礼ですがこちらの方は…… ── 紹介いたします。私どもの会社の孫社長です。── どうも初めまして。
　注）"我姓～" wǒ xìng～は自分の姓を名乗る表現であるが，初対面のあいさつとしても用いられる。

久仰久仰。
Jiǔyǎng jiǔyǎng.

初めまして。
　注）本来は「ご高名はかねがね伺っておりました」の意であるが，単なる初対面のあいさつとして用いることができる。

"我来介绍一下，～"

| 您高寿啦？
Nín gāoshòu la? | おいくつになられますか。
注）"高寿" gāoshòu は高齢の相手に丁寧に年齢を尋ねる疑問語句。中国人はプライベートな質問をそれほど避けない。高齢者に年齢を尋ねるのはむしろ敬意の表現である。 |

4——公の場での最初のあいさつ

	大家好！ Dàjiā hǎo!	みなさんこんにちは。
	各位好！ Gèwèi hǎo!	みなさんこんにちは。
	各位同仁！ Gèwèi tóngrén!	諸先生方，本日はよろしく。 注）"同仁" tóngrén は「同業者」の意の丁寧な言い方。
	老师们，同学们！ Lǎoshimen, tóngxuémen!	先生方，また生徒のみなさん，こんにちは。 注）学校の行事に招かれた来賓のあいさつ等で。
	尊敬的来宾们，朋友们！ Zūnjìng de láibīnmen, péngyoumen!	ご来賓およびご列席のみなさま，こんにちは。 注）"朋友们" péngyoumen や "各位朋友" gèwèi péngyou でその場にいる一般の人々を指すことができる。

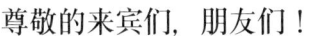

"尊敬的来宾们，～"

5——訪問時には

■出迎えのあいさつ。

	欢迎欢迎！ Huānyíng huānyíng!	ようこそ。
	欢迎你们来！ Huānyíng nǐmen lái!	みなさんようこそいらっしゃいました。
	快进来坐坐！ Kuài jìnlai zuòzuo!	さあ中へどうぞ。 注）入口であれこれあいさつするより，中国人はまず中に入ってもらおうとする。

■珍しい客ということを強調
〔わざわざ来ていただいてうれしいという感謝と歓迎の意を表わします〕

| | 我说是谁来了，原来是赵处长。
Wǒ shuō shì shéi lái le, yuánlái shì Zhào chùzhǎng. | これはこれは，趙課長じゃございませんか。 |

"你们看看谁来了？"

	你猜谁来了？ Nǐ cāi shéi lái le?	おーい，お客さんがいらしたぞ。 注）玄関で客を出迎えた者が家族に対して思いがけない客の来訪の喜びを伝えるとともに，そのことばを客にも聞かせている。
	你们看看谁来了？ Nǐmen kànkan shéi lái le?	おーいみんな，お客さんだぞ。 注）同上。
	稀客稀客。 Xīkè xīkè.	これはこれはよくいらしてくださいました。 注）"稀客" xīkè は「珍しい客」の意。
■「わざわざ来ました」	今天特意来看你。 Jīntiān tèyì lái kàn nǐ.	特にごあいさつにあがりました。 注）日本人であれば「ちょっとそこまで参りましたもので」等と言って相手に心理的な負担をかけまいとするが，中国人は相手に対する誠意を口に出して言うことにより相手を重んじていることを示す。
■「ごあいさつは？」	叫爷爷了吗？—— 爷爷好！ Jiào yéye le ma? —— Yéye hǎo!	おじいちゃんにごあいさつした？——おじいちゃんこんにちは。 注）子連れの訪問客がこう言って子どもにあいさつを促す。
	叫我了吗？—— 奶奶！ Jiào wǒ le ma? —— Nǎinai!	ごあいさつは？——おばあちゃんこんにちは。 注）上のように親が子どもにあいさつを促すより前に主人側からあいさつを要求することもある。当然子どもに対してに限られる。

6——別れのあいさつ

■「さようなら」	再见！ Zàijiàn!	さようなら。
	再见了！ Zàijiàn le!	それではさようなら。 注）"再见" zàijiàn よりは別れの気分が若干強く出る。
	我们分手吧。 Wǒmen fēnshǒu ba.	私たちお別れしましょう。 注）恋人どうしの別れ等，関係を絶とうとするような場合に用いられる。
	打搅了。 Dǎjiǎo le.	お邪魔しました。 注）家庭訪問のみならず，職場等に会いに行って帰る場合にも用いられる。

	您早点儿休息吧。 Nín zǎo diǎnr xiūxi ba.	それではごゆっくりお休みください。
■再会の時期あるいは場所を約す	明天见！ Míngtiān jiàn!	またあした。
	下星期再见！ Xià xīngqī zàijiàn!	来週またお会いしましょう。
	回头见！ Huítóu jiàn!	じゃあとでまた。
	一会儿见！ Yíhuìr jiàn!	じゃあとでまた。 注）"一会儿"（しばらくの間）はしばしば"yì-huǐr"と発音される。
	回见！ Huí jiàn!	じゃあまた。
	后会有期。 Hòuhuìyǒuqī.	またいつかお会いしましょう。 注）かなり長い別れになりそうなときに用いる。
	北京见！ Běijīng jiàn!	また北京でお目にかかりましょう。 注）再会の場所を約すのはある程度遠い将来の再会を前提とすることが多い。
■自分がこれから何をするかを言ってその場を離れる	我走了（，再见）。 Wǒ zǒu le(, zàijiàn).	じゃあ帰ります／いってきます（，さようなら）。 注）家を出る際に家族に対して"再见"zàijiànを用いてもよい。
	妈，我上学了（，再见）。 Mā, wǒ shàngxué le(, zàijiàn).	おかあさん，いってまいります。 注）子どもが学校に行くときのあいさつ。"再见"zàijiànを用いてもよい。
	我睡了。 Wǒ shuì le.	おやすみ。
	我睡觉了，再见。 Wǒ shuìjiào le, zàijiàn.	おやすみなさい。 注）就寝の際に家族に対して"再见"zàijiànを用いてもよい。
	我先走了。 Wǒ xiān zǒu le.	先に行くよ。

	我先走一步。 Wǒ xiān zǒu yí bù.	お先に失礼。
	失陪了。 Shīpéi le.	お先に失礼いたします。
■辞去する客を送る〔客が帰るとき，主人側としては日本人のように玄関で別れのあいさつをするだけではあまり礼を尽くしているとはいえず，自分も多少なりとも外に出て客を送るべきです（送る距離が遠いほど意を尽くしていることになる）〕	不送。 Bú sòng.	ここで失礼いたします。 注）これは何らかの理由で送れない場合の言い方。
	请回吧。 Qǐng huí ba.	どうぞお戻りください。 注）外に送りに出てきた主人側を「もうここまでで結構です」と謝する言い方。
	留步留步。 Liúbù liúbù.	もうここで結構ですから。 注）同上。
■「帰り道に気をつけて」	慢走啊。 Màn zǒu a.	気をつけてね。
	您走好。 Nín zǒuhǎo.	お気をつけて。
	路上小心点儿。 Lùshang xiǎoxin diǎnr.	お気をつけて。
	慢慢儿骑。 Mànmānr qí.	お気をつけて。 注）自転車で帰る客に対して。
	慢点儿开。 Màn diǎnr kāi.	運転に気をつけて。 注）車を運転して帰る客に対して。
	开车小心点儿。 Kāi chē xiǎoxin diǎnr.	運転に気をつけて。 注）同上。
	（祝你）一路平安！ (Zhù nǐ) yílù píng'ān!	道中ご無事で。 注）旅行に出かける人に対するあいさつ。
■「また来てください」	欢迎再来。 Huānyíng zài lái.	またいらしてください。 注）商店等で「毎度ありがとうございました」の意でも用いられる。

"慢慢儿骑。"

有空儿来玩儿。 Yǒu kòngr lái wánr.	またお暇な時にでもいらしてください。
以后常来玩儿。 Yǐhòu cháng lái wánr.	またどうぞいつでもいらしてください。

7──感謝を表わす

谢谢！── 不用谢！ Xièxie! ── Bú yòng xiè!	ありがとう。── どういたしまして。
谢谢了！── 不谢！ Xièxie le! ── Bú xiè!	どうも。── いえいえ。 注）"谢谢了" xièxie le は "谢谢" xièxie よりも，また "不谢 bú xiè" は "不用谢 bú yòng xiè" よりも気軽な感じを与える。
谢您了！── 不客气！ Xiè nín le! ── Bú kèqi!	どうも。── どういたしまして。
非常感谢！ Fēicháng gǎnxiè!	どうもありがとうございました。
非常感激！ Fēicháng gǎnjī!	本当にありがとうございました。 注）"感谢" gǎnxiè は "谢谢" xièxie より，また "感激" gǎnjī は "感谢" gǎnxiè より謝意が深い。
快谢谢阿姨。──谢谢阿姨！ Kuài xièxie āyí. ── Xièxie āyí!	さあおねえさんにありがとうを言いなさい。── おねえさんありがとうございました。
不好意思！ Bù hǎoyìsi!	すみません。 注）ちょっとした好意に対して「いやもうしわけない」と謝するのに用いることができる。
辛苦了。 Xīnkǔ le.	お疲れさまでした。

	那太好了。 Nà tài hǎo le.	それはありがたいです。 注）（電話連絡で）「補欠合格になりました。」とか，（ガイドが）「今晩は最高級のスイートにお泊まりいただきます。」等，何か良いことを伝えてくれた人に対しても，日本人は（直接その人のおかげではないのに）「まあ，ありがとうございます！」等，お礼を言うことがあるが，中国人は自分の満足感を示すに留める。
	多亏您帮忙，才这么顺利。 Duōkuī nín bāngmáng, cái zhème shùnlì.	おかげさまで滞りなくすみました。 注）"多亏～，才～" duōkuī～,cái～の形で「～が～してくださったおかげで～でした」の意を表す。

8——あやまるとき

	对不起！——没关系！ Duìbuqǐ! —— Méi guānxi!	ごめんなさい。——どういたしまして。
	对不起，不要紧吗？——不要紧。 Duìbuqǐ, bú yàojǐn ma? —— Bú yào jǐn.	すみません，大丈夫でしたか？——大丈夫です。
	对不起，没烫着吧？——没事儿。 Duìbuqǐ, méi tàngzhao ba? —— Méi shìr.	ごめんなさい，火傷しませんでしたか？——大丈夫です。 注）"着" zhao は悪影響が起きることを表わす結果補語。
	对不起，我不是故意的。 Duìbuqǐ, wǒ bú shì gùyì de.	すみません，わざとじゃなかったんです。
	真对不起！ Zhēn duìbuqǐ!	本当に申し訳ございません。
	实在对不起！ Shízài duìbuqǐ!	大変失礼いたしました。
	抱歉！ Bàoqiàn!	失礼しました。
	不好意思！ Bù hǎoyìsi!	すいません。 注）軽い謝罪。

我向你道歉。 Wǒ xiàng nǐ dàoqiàn.	お詫び申し上げます。
请原谅。 Qǐng yuánliàng.	どうかお許しください。
请谅解。 Qǐng liàngjiě.	どうぞご理解願います。
都是我不好。 Dōu shì wǒ bù hǎo.	私のせいです。
在气头儿上说的话，请不要见怪。 Zài qìtóur shang shuō de huà, qǐng bú yào jiànguài.	ついかっとなって言ってしまったんです，ご勘弁願います。

9 ── 謙遜する

你中文说得很好。── 哪里哪里。 Nǐ Zhōngwén shuō de hěn hǎo. ── Nǎli nǎli.	中国語お上手ですね。── いえいえどういたしまして。 注）"哪里哪里" nǎli nǎli は「とんでもございません」と謙遜するときのことば。
我要好好儿向你学习。── 不敢当。 Wǒ yào hǎohāor xiàng nǐ xuéxí. ── Bù gǎndāng.	私も見習わなくては。── いやいや恐れ入ります。 注）"不敢当" bù gǎndāng は「恐縮です，いたみいります」と謙遜するときのことば。
您辛苦了。── 彼此彼此。 Nín xīnkǔ le. ── Bǐcǐ bǐcǐ.	お疲れさまでした。── そちらこそ。 注）"彼此彼此" bǐcǐ bǐcǐ は「お互いさま」の意。

10 ── 慶祝の場合

祝贺你。 Zhùhè nǐ.	おめでとう。 注）表彰式等，多くは自らの努力による成果を祝うのに用いられる。
恭喜恭喜。 Gōngxǐ gōngxǐ.	おめでとうございます。

	恭喜发财。—— 彼此彼此。 Gōngxǐ fācái. —— Bǐcǐ bǐcǐ.	景気いいですね。——そちらこそ。 注）"恭喜发财" gōngxǐ fācái は「お金が儲かる」意の縁起ことば。"彼此彼此" bǐcǐ bǐcǐ は「お互いさま」の意。

11──見知らぬ人に声をかけるには

■声をかける	哎，劳驾！ Ai, láojià!	ちょっとすいませんが。
	哎，对不起！ Ai, duìbuqǐ!	ちょっとすいませんが。
■一般的な呼称を用いる	同志！ Tóngzhì!	すいません。 注）かつてはほとんどの人に対して用いることのできる「万能」の呼称であったが，現在では年輩の人が時に用いるぐらいである。但し警官や軍人等に対しては今でも用いられる。
	师傅！ Shīfu!	すいません。 注）一時は "同志" tóngzhì に代わって広く用いられていたが，現在では少なくなっている。但し運転手等の技術者に対しては普通に用いられる。
	先生！ Xiānsheng!	すいません。 注）成人男性に対する最も一般的な呼称。
	哥们儿！ Gēmenr!	ねえちょっと。 注）若い男性が若い男性に呼びかけるぞんざいな言い方。
	大姐！ Dàjiě!	すいません。 注）成人女性に対する呼称であるが，今のところ「これなら無難」といえる言い方があまりない。
	小朋友！ Xiǎo péngyou!	ねえボク。 注）子どもに対して（性別を問わない）。
	朋友！ Péngyou!	こんにちは。 注）外国人に対して気軽にこのように呼びかけてくる人がいるが，ちょっと警戒した方がよい。

■職業や身分を表わす名詞を用いる

大夫！
Dàifu!

先生すいません。
注）病院内で白衣を着ている人に対して。

老师！
Lǎoshī!

先生すいません。
注）学校内を歩いている成人男女に対しては本当に教師であるかどうかを問わずこのように呼びかけるのが無難である。なお，呼びかけにとどまらず，現在 "老师" lǎoshī はかなり一般的な敬称として用いられている（芸能や芸術畑の人に対して等）。

同学！
Tóngxué!

ちょっと学生さん。
注）学校内を歩いている若い男女に対しては本当に学生であるかどうかを問わずこのように呼びかけるのが無難である。

小姐！
Xiǎojie!

すいません。
注）若い女性の店員やウェイトレス等に対して。

服务员！
Fúwùyuán!

ねえちょっと。
注）ウェイターやウェイトレス，スチュワーデス，ボーイ等に対するややぞんざいな呼びかけ。

■親族名称を転用する

老爷爷！
Lǎo yéye!

おじいさん。
注）子どもが高齢の男性に対して。

老奶奶！
Lǎo nǎinai!

おばあさん。
注）子どもが高齢の女性に対して。

叔叔！
Shūshu!

おじさん。
注）子どもが成人の男性に対して。日本では「おにいさん」と呼ばれるであろう青年男子に対しても用いる。

阿姨！
Āyí!

おばさん。
注）子どもが成人の女性に対して。日本では「おねえさん」と呼ばれるであろう青年女子に対しても用いる。

警察叔叔！
Jǐngchá shūshu!

おまわりさん。
注）子どもが用いる。

	老大爷！ Lǎo dàye!	おじいさん。 注）成人が高齢の男性に対して。
	老太太！ Lǎo tàitai!	おばあさん。 注）成人が高齢の女性に対して。

12──尋ねる

	劳驾，我问一下。 Láojià, wǒ wèn yíxià.	すいません，ちょっとお尋ねしたいのですが。
	我问一下路。 Wǒ wèn yíxià lù.	ちょっと道を教えていただきたいのですが。
	劳驾，请问车站怎么走？ Láojià, qǐngwèn chēzhàn zěnme zǒu?	すいません，駅はどうやって行けばよろしいでしょうか？
	我打听一个人。你们这儿有个范善良吗？ Wǒ dǎting yí ge rén. Nǐmen zhèr yǒu ge Fàn Shànliáng ma?	お尋ねしますが，こちらに范善良という者がおりませんでしょうか。
	在家吗？ Zài jiā ma?	ごめんください。
	有人吗？ Yǒu rén ma?	ごめんください。 注）トイレの前で「入ってますか」と聞く場合にも用いられる。
	这是李家吗？ Zhè shì Lǐ jiā ma?	こちら李さんのお宅でしょうか？ 注）訪問先の家が正しいかどうか確認している。
	到王府井吗？──不到。 Dào Wángfǔjǐng ma? ── Bú dào.	王府井は行きますか？──行きません。 注）不案内な土地でバス等に乗る前は一応このように確認するのがよい。
	到王府井吗？──到，上车吧。 Dào Wángfǔjǐng ma? ── Dào, shàng chē ba.	王府井行ってもらえますか。──行きますよ。どうぞ。 注）日本ではタクシーに乗り込んでから行き先を告げるが，中国人はよく前もって聞いてから乗る。

到火车站多少钱？ Dào huǒchēzhàn duōshao qián?	駅までいくらで行きますか。 注）中国のタクシーにもメーターがついているが，中国人はよく前もって確認する。
有件事不知道该不该问。 Yǒu jiàn shì bù zhīdào gāi bu gāi wèn.	つかぬことをお尋ねしますが。 注）質問するのがいささかはばかられるような場合に用いる。
我冒昧地问一下。 Wǒ màomèi de wèn yíxià.	失礼とは存じますがちょっとお尋ねいたします。 注）目上に対してその人に直接関係する質問をするとき等に用いる。
你说派谁去好呢？ Nǐ shuō pài shéi qù hǎo ne?	誰に行かせるのがいいと思う？ 注）"你说" nǐ shuōの後ろに疑問文をつけて相手の意見を徴する。
你说呢？ Nǐ shuō ne?	君の考えでは？
你说奇怪不奇怪？ Nǐ shuō qíguài bu qíguài?	変だと思わない？ 注）"你说" nǐ shuōの後ろに反復疑問文をつけて同意を求める。
你说是不是？ Nǐ shuō shì bu shì?	そう思いません？
对不对？ Duì bu duì?	そう思わない？

13──依頼するとき

"帮忙把球扔过来，～"

请帮忙照个相，好吗？ Qǐng bāngmáng zhào ge xiàng, hǎo ma?	すみませんがシャッター押していただけませんか。 注）他人に手伝ってもらおうとするとき，"请帮我(们)～" qǐng bāng wǒ(men)～，"请帮忙～" qǐng bāngmáng～と言うことができる。
帮忙把球扔过来，谢谢了。 Bāngmáng bǎ qiú rēngguolai, xièxie le.	すいません，ボール取ってください。 注）日本人は取ってもらった後に「ありがとう」と感謝するが，中国人は何か頼むときに前もって"谢谢" xièxieを言うことがある。

是不是给点儿好处费？ Shì bu shì gěi diǎnr hǎochùfèi?	お気持ちでかまいませんのでなにがしかいただけないものでしょうか。 注）丁寧な依頼の表現には "请～" qǐng～, "能不能～?" néng bu néng～?, "～, 好吗?" ～, hǎo ma?等があるが, "是不是～?" shì bu shì～?はより婉曲な依頼に用いられる。
那就拜托了。 Nà jiù bàituō le.	それではお頼み申し上げます。
请挤一挤。 Qǐng jǐ yi jǐ.	ちょっと詰めてください。
劳驾，让一下。 Láojià, ràng yíxià.	すいません，ちょっと通してください。
借光，借光！ Jièguāng, jièguāng!	通してください。
下车吗？——不下。——换一下。 Xià chē ma? —— Bú xià. —— Huàn yíxià.	次降りますか。——降りません。——場所換わってください。 注）込み合ったバスや電車内では下車駅に着いてから「降ります」と言って通してもらうのではなく，前もって出口に近い方に場所を換わってもらい，すぐ下車できるように準備しておく。
把票打开一下儿。 Bǎ piào dǎkāi yíxiàr.	切符を拝見。

"借光，借光！"

14──同意するとき

■相手の意見に同意する〔"是" shì, "对" duì等を用いる。〕

是啊。 Shì a.	そうですよ。
你说得是啊。 Nǐ shuō de shì a.	おっしゃる通りですよ。
对呀。 Duì ya.	その通りですよ。

22 中国語──暮らしのことば

	对对对。 Duì duì duì.	そうそう。 注）語を繰り返す場合，二音節の語は2回繰り返し，一音節の語は3回繰り返すことが多い。
	太对了。 Tài duì le.	まったくその通りですね。
	没错儿。 Méi cuòr.	その通り。
	就是。 Jiù shì.	まったくです。
	就是嘛。 Jiù shì ma.	いやまったくそうですよ。
	可不是(吗)／可不(吗)。 Kě bú shì (ma)／Kě bù (ma).	本当にそうですよね。
	倒也是。 Dào yě shì.	それもそうですね。
	那倒是。 Nà dào shì.	そりゃあそうですね。
	大概是吧。 Dàgài shì ba.	たぶんそうでしょう。
	可能吧。 Kěnéng ba.	そうかもしれません。
■相手の提案を受け入れる〔"好" hǎo，"行" xíng，"可以" kěyǐ，"成" chéng等を用いる。〕	好。 Hǎo.	はい。
	好好好。 Hǎo hǎo hǎo.	ああいいですよ。 注）"好好好"は1語のようにつづけて"háohāohǎo"と発音されることがある。
	好嘞！ Hǎo lei!	ＯＫ！ 注）昇り調子のイントネーションで。

好吧。 Hǎo ba.	まあいいでしょう。 注）降り調子のイントネーション。妥協のニュアンスがある。	
行行行。 Xíng xíng xíng.	ああいいですよ。 注）"行行行"は1語のようにつづけて "xíngxingxíng" と発音されることがある。	
可以，可以。 Kěyǐ, kěyǐ.	はい結構です。	
成。 Chéng.	いいですよ。	
没问题。 Méi wèntí.	問題ありません。	
都交给我吧。 Dōu jiāogěi wǒ ba.	私にまかせてください。	

15──反対したいとき

■相手の意見や論理を否定する

不对。 Bú duì.	そうではありません。
没那么回事儿。 Méi nàme huí shìr.	そんなことはありません。
没有的事儿。 Méi yǒu de shìr.	そんなことはありません。
不可能。 Bù kěnéng.	ありえません。
哪儿啊。 Nǎr a.	とんでもない。
哪儿的话。 Nǎr de huà.	とんでもない。 注）ほめられたときに「どういたしまして」と謙遜するのにも用いられる。

	现在出发，还来得及吧？ ——够呛。 Xiànzài chūfā, hái láidéji ba? —— Gòuqiàng.	今から出たらまだ間に合うでしょう？ ——あぶないね。
	不见得。 Bú jiànde.	そうとは限りません。
	保不齐。 Bǎobuqí.	どうかなあ。 注）「保証の限りではない」の意。
	话不能这么说。 Huà bù néng zhème shuō.	そうはいえないでしょう。
	挨不上啊。 Āibushàng a.	関係ない話じゃないか。
	这是哪儿跟哪儿啊？ Zhè shì nǎr gēn nǎr a?	それとどういう関係があるんだ。
	你说到哪儿去了？ Nǐ shuōdào nǎr qù le?	変なこと言わないでください。 注）「（私の話を）誤解しないでください」という弁解にも用いられる。
	你问我，我问谁去啊？ Nǐ wèn wǒ, wǒ wèn shéi qù a?	そんなこと聞かれたってこっちだってわからないよ。
■不承認，制止	不行。 Bù xíng.	だめです。
	那不行。 Nà bù xíng.	そいつはだめだ。
	绝对不行。 Juéduì bù xíng.	絶対にだめです。
	恐怕不行。 Kǒngpà bù xíng.	恐らくだめです。
	不成。 Bù chéng.	だめです。

没门儿。 Méi ménr.	そんなの無理だ。
不太合适吧？ Bú tài héshì ba?	まずいのではないでしょうか。
得了(吧)／算了(吧)。 Dé le (ba)／Suàn le (ba).	もういいよ。
够啦／可以啦。 Gòu la／Kěyǐ la.	もうそれで十分だよ。 注）降り調子のイントネーションで。
去你的吧。 Qù nǐ de ba.	やめてくれ。
一边儿去！ Yìbiānr qù!	やめてくれ。
去去去！ Qù qù qù!	やめてくれ。
别说了。 Bié shuō le.	うるさいなあ。
这不是废话吗？ Zhè bú shì fèihuà ma?	そんなことあたりまえじゃないか。
得挨骂呀。 Děi ái mà ya.	顰蹙(ひんしゅく)ものだよ。
累不累啊？ Lèi bu lèi a?	なんでわざわざそんなことまで。

■非難，叱責，挑発〔中国語には多くの罵語があり，それらを非難や叱責に用いることがよくありますが，不用意に口にするとゆゆしい事態を引き起こしかねないので，外国人が面白半分に用いるべきではありません。〕

谁干的好事！ Shéi gàn de hǎo shì!	誰がやらかしたんだ！ 注）"好事" hǎo shì といっても実際は悪いことを指している。
那个人什么事儿都干得出来。 Nèige rén shénme shìr dōu gàndechū lái.	あいつは何だってやりかねない。 注）"干出来" gànchulai は普通「（良くない事を）しでかす」の意で用いられる。
你怎么说话呢。 Nǐ zěnme shuō huà ne.	そういう言い方はないでしょう。

废话！ Fèihuà!	くだらんこと言ってんじゃない！
别胡说（八道）。 Bié húshuō (bādào).	いい加減なこと言うな。
放屁！ Fàng pì!	でたらめぬかすんじゃない！
你也真是的。 Nǐ yě zhēn shì de.	君にはまったくあきれちゃうよ。 注）軽い賞賛を表わすのに用いられる場合もある。
有病啊？ Yǒu bìng a?	頭おかしいんじゃない？
看什么看！ Kàn shénme kàn!	何見てるんだ！ 注）「動詞＋"什么" shénme＋動詞」の形で「何～しているんだ」という非難や制止の意を表わす。"笑什么笑！" Xiào shénme xiào!（何笑ってるんだ！），"喊什么喊！" Hǎn shénme hǎn!（何わめいてるんだ！），"挤什么挤！" Jǐ shénme jǐ!（押すなよ！）等。
你等着吧！ Nǐ děngzhe ba!	おぼえてやがれ。
咱们等着瞧吧。 Zánmen děngzhe qiáo ba.	おぼえてやがれ。
缺德！ Quēdé!	くそったれ！
你管得着吗？ Nǐ guǎndezháo ma?	あんたの出る幕じゃないだろう？
你管！ Nǐ guǎn!	ほっといてくれ！
那又怎么着？ Nà yòu zěnmezhe?	それがどうしたってんだ。 注）"怎么着"はしばしば"zěnmezhao"と発音される。

你算老几？ Nǐ suàn lǎo jǐ?	何様のつもりだ。 注）"老几" lǎo jǐは兄弟姉妹の長幼の順を尋ねる疑問語句。本当に「何番目の兄弟でいらっしゃいますか」と尋ねるのであれば "您是老几？" Nín shì lǎo jǐ?と聞く。
活该！ Huógāi!	ざまあみろ。 注）子どもが言いつけを聞かずにケガをしたときに「だから言ったでしょう！」と叱る場合等にも用いられる。

16──忠告する，気遣う，なだめる

看车啦！ Kàn chē la!	車に気をつけて！ 注）"看～" kàn～で「～に注意しろ；～に気をつけろ」の意。
妈，您别干了，看累着。 Mā, nín bié gàn le, kàn lèizhao.	おかあさん，休んでよ，体に悪いよ。 注）"着" zhaoは悪影響が起きることを表わす結果補語。
先别高兴。 Xiān bié gāoxìng.	喜ぶのはまだ早いですよ。
别高兴得太早。 Bié gāoxìng de tài zǎo.	喜ぶのはまだ早いですよ。
你冷不冷？ Nǐ lěng bu lěng?	寒くないですか。 注）日本語では相手を気遣う際に「寒くないですか」「おなかすいていませんか」等，否定疑問文の形式を用いるが，中国語では反復疑問文を用いるのが普通である。
看你冻得。 Kàn nǐ dòng de.	まあ寒そうに。 注）「("你" nǐ) "看" kàn＋人称代名詞～」の形で「あなたったら／私ったら／あの人ったら～なんだから」とあきれる意を表わす。"得" deの後には状態補語が続くが，いわくいいがたい等で省略される場合がある。
病好点儿了吗？ Bìng hǎo diǎnr le ma?	ご病気はよくなりましたか。
别难过了。 Bié nánguò le.	気を落とさないで元気だしてください。

别太伤心了。 Bié tài shāngxīn le.	おつらいこととは思いますがあまりお悩みにならないように。
想开点儿。 Xiǎngkāi diǎnr.	くよくよしなさんな。
别老想不开。 Bié lǎo xiǎngbukāi.	いつまでもくよくよしないで。
别放在心上。 Bié fàngzài xīnshang.	気になさってはいけませんよ。
过去的事儿就让它过去吧。 Guòqu de shìr jiù ràng tā guòqu ba.	過ぎたことは忘れましょう。
有话好好儿说。 Yǒu huà hǎohāor shuō.	言いたいことがあるのなら落ち着いてちゃんと口で言いなさい。

17——申し出，進言

我请客。 Wǒ qǐngkè.	僕のおごりだ。
有什么事找我。 Yǒu shénme shì zhǎo wǒ.	何かあったら私が責任持ちますので。
你忙你的。 Nǐ máng nǐ de.	どうぞお構いなく。 注)「人称代名詞＋動詞＋人称代名詞＋"的" de」の形で各自が自分のことに専念することを表わす。"我走我的路." Wǒ zǒu wǒ de lù.（私は自分の道を歩んでいきます。），"他散他的步." Tā sàn tā de bù.（あの人はあの人で散歩してますのよ。）等。
看我的。 Kàn wǒ de.	僕がやるから見ていろよ。 注)「私の腕前を見ろ」の意。
这次要看你的了。 Zhèi cì yào kàn nǐ de le.	今度は君の腕前を見せてもらおう。

	有人陪你多好？ Yǒu rén péi nǐ duō hǎo?	つき添いがいた方がいいじゃありませんか。 注）"～多好？" ～duō hǎo?は「～の方がいいじゃないですか」と提案するときに用いる。

18――評価

■プラス評価	很好。 Hěn hǎo.	良いですね。
	太好了。 Tài hǎo le.	すばらしい。
	好极了。 Hǎo jí le.	最高！
	绝了。 Jué le.	最高！
	倍儿棒。 Bèir bàng.	すごーい。 注）"倍儿" bèirは口語の副詞，程度の高いことを表わす。"棒" bàngも "好" hǎoの口語的表現。
	不错。 Bú cuò.	いいね。
	漂亮！ Piàoliang!	すばらしい。 注）"漂亮" piàoliangは「美しい」の意であるが，スポーツ観戦で「ナイスプレー！」と言う場合等にも用いられる。
	真带劲(儿)／真来劲(儿)。 Zhēn dàijìn(r)／Zhēn láijìn(r.)	ほんとおもしろい。
	高！高！ Gāo! Gāo!	ご卓見恐れ入りました。
	好样儿的！ Hǎoyàngr de!	立派な人ですね。
■並；まあまあ	还行。 Hái xíng.	まあまあです。

还可以。 Hái kěyǐ.		まあまあです。
还凑和。 Hái còuhe.		まあなんとかです。
还吃得过。 Hái chīdeguò.		まあそこそこ食べられたものですよ。 注)"～得过"～deguòで「～するのにそこそこ値する」の意。
一般。 Yìbān.		ありきたりです。
太一般了。 Tài yìbān le.		あまりに平凡です。
不怎么样。 Bù zěnmeyàng.		たいしたことないね。
很不怎么样。 Hěn bù zěnmeyàng.		本当にたいしたことない。
就那么回事儿。 Jiù nàme huí shìr.		どうというほどのことでもありません。
学习怎么样？―― 差不多。 Xuéxí zěnmeyàng? ―― Chàbuduō.		勉強のほうどう？――べつに―。

"学习怎么样？～"

■マイナス評価

差点儿。 Chà diǎnr.		いまひとつだね。
差远了。 Chàyuǎn le.		段違いだ。
真没意思。 Zhēn méi yìsi.		ほんとつまんない。
没劲(儿)。 Méi jìn(r).		つまんない。
不带劲(儿)。 Bù dàijìn(r).		おもしろくない。

	有什么好看的，一个破电影！ Yǒu shénme hǎokàn de, yí ge pò diànyǐng!	何がおもしろいんだ，くだらない映画だ！ 注）"破～" pò～で「くだらない～」の意。
	他的棋很臭。 Tā de qí hěn chòu.	彼の将棋はヘボだ。 注）"臭" chòu は「へたくそ」の意。

19──注意喚起，話題転換

	我说！ Wǒ shuō!	おーい！ 注）「おい；ねえ；あのさ」等，特定の呼称を用いずに離れたところにいる人に呼びかける時のことば。
	诶，…… Ê, ……	えーっと，…… 注）声をかける，注意を喚起する，新たな話題を提起する，疑問を提起する等，様々な場面で用いられる。イントネーションも様々である。
	你看，…… Nǐ kàn, ……	ほら，…… 注）実際に何かを示して「ほら見てごらん」という場合のみならず，自分がこれから述べることに対して注意を向けさせようとする場合にも用いられる。
	我跟你说，…… Wǒ gēn nǐ shuō, ……	あのね，…… 注）自分がこれから述べることを相手にきちんと聞いてもらいたいときに用いる。
	我告诉你，…… Wǒ gàosu nǐ, ……	いいですか，…… 注）諭そうとする時あるいは警告しようとするとき等に，相手の注意を喚起する言い方。
	听我慢慢儿告诉你。 Tīng wǒ mànmānr gàosu nǐ.	落ち着いて私の話を聞いてください。
	话要说在前头。 Huà yào shuōzài qiántou.	前もって言っておかなければならないが， 注）良くないことをあらかじめ言っておくときに用いる。
	话又说回来，…… Huà yòu shuōhuílai, ……	しかしまた一方では，……

说实话／说实在的／说真的, Shuō shíhuà／Shuō shízài de／Shuō zhēn de,	本当のこと言うと,
对了, …… Duì le, ……	あっ, そうそう, …… 注) 何か新しい話題を思い出したときに用いる。
好了, …… Hǎo le, ……	さて, …… 注) 話や行為が一段落して次のことに進もうとするときに用いる。
那么, …… Nàme, ……	ところで, …… 注) "那么" nàme は「それでは」と前を受けて話を続ける接続詞であるが, 前と関係なく別な話題に移る場合に用いられることがある。

20──プレゼントの授受

这是一点儿小意思, 请收下。 Zhè shì yìdiǎnr xiǎo yìsi, qǐng shōuxià.	これはほんの気持ちですが, どうぞお納めください。
这是我特意托人买的。 Zhè shì wǒ tèyì tuō rén mǎi de.	わざわざ人に頼んで買ってもらったものです。 注) 中国人も日本人と同様, 自分のプレゼントがいかに高額であるかを述べるのは避けるが, それがいかに入手し難いものであるかを述べることは普通であり, それによって自分の誠意を示そうとする。
这是我们家乡的土特产。 Zhè shì wǒmen jiāxiāng de tǔtèchǎn.	これは私の田舎の特産品です。
那就谢谢了。 Nà jiù xièxie le.	それではありがたく頂戴します。
哎, 不好意思, 不好意思。 Ai, bù hǎoyìsi, bù hǎoyìsi.	いやあ, これはこれはすみませんでした。
哎呀, 让你破费了。 Aiya, ràng nín pòfèi le.	まあ, そんなにお気を使わせてしまいまして申し訳ございません。
哎哟, 您别客气。 Aiyo, nín bié kèqi.	まあ, そんなにお気を使わないで構いませんでしたのに。

21——商店やレストランにて

欢迎光临！ Huānyíng guānglín!	いらっしゃいませ。
欢迎再来！ Huānyíng zài lái!	毎度ありがとうございました。
您买什么？ Nín mǎi shénme?	何をお求めですか。
还要别的吗？ Hái yào biéde ma?	他に何かご入り用ですか。
哪儿卖烟？ Nǎr mài yān?	タバコはどこで売ってますか。
有卖灯管儿的吗？ Yǒu mài dēngguǎnr de ma?	蛍光灯を売っているところはありますか。
多少钱？ Duōshao qián?	いくらですか。
怎么卖？ Zěnme mài?	いくらですか。 注）「どのように売るか」を尋ねる（バラ売りするかとか，ひと山いくらか等）言い方であるが，単に値段を尋ねる場合にも用いられる。
多少钱？——看着给吧。 Duōshao qián? —— Kànzhe gěi ba.	おいくら？——適当に置いていってよ。 注）道路端でやっている自転車修理等では特に値段が決まっていないところもある。もっとも相場を知らなくてはどうしようもないが。
来，给您钱。 Lái, gěi nín qián.	はい，お代ね。 注）代金を渡そうとしている。
您点什么菜？ Nín diǎn shénme cài?	料理のご注文は？
开饭了。请用餐。 Kāifàn le. Qǐng yòngcān.	お食事の支度ができました。どうぞお越しください。 注）食堂車の準備ができたので，乗務員が案内に来た。

几样儿了？——三个凉菜，五个热菜。 Jǐ yàngr le? —— Sān ge liángcài, wǔ ge rècài.	何種類頼んだ？——前菜が3つに一品料理が5つです。
再来两瓶啤酒。 Zài lái liǎng píng píjiǔ.	あとビール2本ください。
上米饭吗？ Shàng mǐfàn ma?	ごはんをお出ししますか。 注）もう主食を出してよいか聞いている。
上汤吧。 Shàng tāng ba.	スープを出してください。 注）中華料理では料理の最後にスープが出て，その後はデザートや果物で締めになる。
这盘儿撤了吧。 Zhèi pánr chè le ba.	この皿は下げてください。
怎么样？吃饱了吗？ Zěnmeyàng? Chībǎo le ma?	ご満足いただけましたでしょうか。 注）招待した側が適当なところで"怎么样？" zěnmeyàng?と言えば，その宴席はお開きになるという合図である。
结帐！ Jiézhàng!	お勘定！
买单／埋单！ Mǎidān／Máidān!	お勘定！ 注）元来は広東方言であるが現在は共通語でもよく用いられる。

22──電話にて

喂，陈明，我荀月华。 Wei, Chén Míng, wǒ Xún Yuèhuá.	もしもし，陳明さん？荀月華ですけど。 注）"喂" weiは「もしもし」に相当。長く引張って発音することが多い。第二声のように発音されたり，第三声や第四声のように発音されたりもする。
您好，北京饭店。 Nín hǎo, Běijīng Fàndiàn.	ありがとうございます，北京ホテルです。 注）ホテルやレストランなどは電話を受けるとまず"您好" nín hǎoと言う。

我是邮局。 Wǒ shì yóujú.	こちらは郵便局です。 注）電話で「こちらは〜」は "我" wǒ で表わし，「そちらは〜」は "你" nǐ／"您" nín で表わす。「どちら様？」と尋ねるには "哪儿" nǎr／"哪里" nǎli あるいは "谁" shéi を用いる。
喂，您哪儿？ Wei, nín nǎr?	もしもし，どちら様ですか。 注）以前は相手が電話を受けると掛けた側から「どちらですか」と聞くことが多かった。
谁啊？ Shéi a?	どちらですか？
我找陆大夫。 Wǒ zhǎo Lù dàifu.	陸先生をお願いします。
您给转一下 4410。 Nín gěi zhuǎn yíxià sì-sì-yāo-líng.	4410 に回してください。
帮我转一下校长办公室。 Bāng wǒ zhuǎn yíxià xiàozhǎng bàngōngshì.	学長室に回してください。
对不起，没人接。 Duìbuqǐ, méi rén jiē.	すみませんがどなたもお出になりません。
打错了。 Dǎcuò le.	掛け間違えてますよ。
对不起，没有这个电话号码。 Duìbuqǐ, méi yǒu zhèige diànhuà hàomǎ.	お掛けになった電話番号は現在使われておりません。 注）録音での案内。
对不起，您拨打的号码是空号。 Duìbuqǐ, nín bōdǎ de hàomǎ shì kōnghào.	お掛けになった番号は現在使われておりません。 注）同上。
对不起，对方已关机，请稍候再拨。 Duìbuqǐ, duìfāng yǐ guānjī, qǐng shāo hòu zài bō.	お掛けになった電話は電源が入っておりません。しばらく待ってお掛けなおしください。 注）同上。

23——失敗したとき

糟糕／糟了！ Zāogāo／Zāo le!	しまった！
坏了！ Huài le!	まずい！
看我这个好记性！ Kàn wǒ zhèige hǎo jìxing!	我ながら物覚えが悪くてやんなっちゃう。 注）「("你" nǐ) "看" kàn＋人称代詞～」の形で「あなたったら／私ったら／あの人ったら～なんだから」とあきれる意を表わす。
怎么样，让我说着了吧？ Zěnmeyàng, ràng wǒ shuōzháo le ba?	どうです，私の言った通りになったでしょう。 注）「私の予言通りになった」の意であるが，自分の警告を無視して良くない結果になった相手に対して用いることができる。

II

祝祭日のことば

孫　国震／依藤　醇

中国では社会の急激な変化とともに祝祭日のあり方に大きな変化が生じています。2007年末には法定の休日について調整が行われ，2008年から新しい制度が実施されることにもなっています。ここでは，一般の人々がどのように中国の祝祭日を過ごし，お互いの間でどのようなことばを用いて祝日のあいさつやお祝いのことばを交換し合っているのかを取り上げました。それぞれの祝祭日の紹介については，可能なかぎり最近の新しい変化を紹介するように努めました。あいさつやお祝いのことばには，参考のために，中国語表音ローマ字（ピンイン）と日本語訳を加えました。日本語訳については必ずしも忠実な逐語訳を行ってはいませんので，参考程度に考えてください。とりわけ，近年多用されるようになり，ここでも相当数取り上げたメールの文は，一般の書信とは異なり，しばしば美辞麗句を使ったり，同じ内容を表現を変えて繰り返してみたり，駄洒落や当て字を使うなど遊びの要素も入っています。そのため直訳しても日本語としては何を言っているのか分からないこともあり，そのような場合にはやむを得ず意訳を示すに止めたものもあります。メールはあまり気を使うことなく簡単に書け，いつでも発信できます。その上，どんなに離れている相手でも即座に受け取ることができます。中国語学習という観点から見れば，メールの文章は確かに問題が少なくありませんが，その普及の速さと広がりから無視できないものとなっていることも事実なのです。

㊵ **1. 中国の祝祭日と法定の休日**
㊶ **2. 各祝祭日とお祝いのことば**
㊶ 1—“元旦”（元旦）
㊹ 2—“春节”（旧正月）
㊼ 3—“元宵节”（小正月；元宵節）
㊽ 4—“情人节”（バレンタインデー）
㊽ 5—“三八妇女节”（国際婦人デー）
㊾ 6—“植树节”（植樹デー）
㊾ 7—“清明节”（清明；清明節）
㊿ 8—“五一劳动节”（メーデー）
㊿ 9—“五四青年节”（青年の日）
(51) 10—“端午节”（端午の節句）
(51) 11—“母亲节”（母の日）
(53) 12—“六一儿童节”（国際児童デー）
(54) 13—“父亲节”（父の日）
(55) 14—“七夕节”（七夕祭り）
(56) 15—“八一建军节”（中国人民解放軍建軍記念日）
(56) 16—“中秋节”（中秋）
(58) 17—“重阳节”（重陽）
(59) 18—“教师节”（教師の日）
(60) 19—“国庆节”（建国記念日；国慶節）
(61) 20—“圣诞节”（クリスマス）

1. 中国の祝祭日と法定の休日

　中国の"节日"jiérì（祝祭日）には，「伝統的な祝祭日」と「（外来のものも含んだ）比較的新しい祝祭日」があります。それらの中から主なものと近年話題に上ることの多いものを20に限って日付順（ここでは新暦，旧暦を問わず数字どおりの日付順に配列）に挙げると以下のようなものがあります。

①	元旦	Yuándàn	元旦	1月1日
②	春节	Chūnjié	旧正月；春節	旧暦の1月1日
③	元宵节	Yuánxiāojié	小正月；元宵節；上元	旧暦の1月15日
④	情人节	Qíngrénjié	バレンタインデー	2月14日
⑤	三八妇女节	Sān-Bā Fùnǚjié	国際婦人デー	3月8日
⑥	植树节	Zhíshùjié	植樹デー	3月12日
⑦	清明节	Qīngmíngjié	清明；清明節	4月5日前後
⑧	五一劳动节	Wǔ-Yī Láodòngjié	メーデー	5月1日
⑨	五四青年节	Wǔ-Sì Qīngniánjié	青年の日	5月4日
⑩	端午节	Duānwǔjié	端午の節句	旧暦の5月5日
⑪	母亲节	Mǔqīnjié	母の日	5月の第二日曜日
⑫	六一儿童节	Liù-Yī Értóngjié	国際児童デー	6月1日
⑬	父亲节	Fùqīnjié	父の日	6月第三日曜日
⑭	七夕节	Qīxījié	七夕祭り	旧暦の7月7日
⑮	八一建军节	Bā-Yī Jiànjūnjié	中国人民解放軍建軍記念日 8月1日	
⑯	中秋节	Zhōngqiūjié	中秋	旧暦の8月15日
⑰	重阳节	Chóngyángjié	重陽	旧暦の9月9日
⑱	教师节	Jiàoshījié	教師の日	9月10日
⑲	国庆节	Guóqìngjié	建国記念日；国慶節	10月1日
⑳	圣诞节	Shèngdànjié	クリスマス	12月25日

法定の休日についての変更

　2007年12月，9年ぶりに"节日"に関する法定の休日についての変更があり，国務院での承認を経て，2008年から実施に移されることになりました。新しい制度の下では
　（1）　法定の休日数を10日から11日へと1日増やす。
　（2）　祝祭日のうち休日となるのは，元旦＝1日（変更なし），旧正月＝3日（変更なし，但し旧暦の1月1日からの3日間であったものを，大晦

日からの3日間に変更），メーデー＝1日（以前の3日から1日だけになる），国慶節＝3日（変更なし）の8日間に加えて，新たに，清明＝1日，端午＝1日，中秋＝1日の3日間を休日にして計11日とする。
(3) 前後の土日の休みを融通して連休にすることができる。

ということで，メーデーの休日は3日から1日に減りました。そのため，前後の土日を融通して7日間の連休が取れたいわゆる"三大黄金周" sān dà huángjīnzhōu（三大ゴールデンウィーク）は"两大黄金周" liǎng dà huángjīnzhōu（二大ゴールデンウィーク）となってしまいましたが，そのかわりに伝統的な祭日の中から「清明」「端午」「中秋」の三つがそれぞれ1日休日に格上げされました。1日だけ休日となる祝祭日も土日と合わせれば3日間の休みとなり，"小长假" xiǎochángjià などと呼ばれます。

とお祝いのことば

（個人レベルであいさつやお祝いのことばを交わすことがほとんどない祝祭日については，その祝祭日についての簡単な紹介のみにとどめました。）

ándàn（元旦）

辞典に"新年的第一天"とあるように「一年の始まりの日」です。現在は西暦の1月1日を指します。農村人口が多数を占める中国では，現在でも旧正月から新年に入るという考え方が一般的ですが，この数十年間，外国との交流が深まるにつれ，海外の習慣に合わせて，仕事の関係などでは"贺年卡" hèniánkǎ（年賀カード）や"贺年片" hèniánpiàn（年賀状），それに最近増えている"贺年电邮" hènián diànyóu（年賀電子メール）などは，元旦までに届くように出されます。また，新年のあいさつも兼ねてクリスマスまでに"圣诞卡" shèngdànkǎ（クリスマスカード）を出すことも少なくありません。

郵送するものでは，"贺年有奖明信片" hènián yǒujiǎng míngxìnpiàn（日本のものに近い「お年玉つき年賀状」）も使われるが，どちらかといえば赤をメインにカラフルな二つ折りの"贺年卡" hèniánkǎ（年賀カード）を封筒に入れて送る従来からのもののほうがよく使用されます。最近は"贺年有奖信卡" hènián yǒujiǎng xìnkǎ（受取人がミシン目に沿って周囲を切り取って開くと二つ折りのカードのようになる）という新しいタイプの年賀状も加わりました。さらに，"电子卡" diànzǐkǎ（電子カード）や"电子邮件" diànzǐ yóujiàn（電子メール），"短信" duǎnxìn（携帯メール）によるあいさつも流行し始めています。

企業によっては，社長のあいさつが元旦の行事になっているところもあります。また，お世話になった人に対し"礼券" lǐquàn（商品券）を贈ることもありますが，これも一部の人にとっての元旦の行事になっており，現在その額は一般に300〜500元といわれます。

この言い方は，間違い？

「スポーツにはすべからくルールがある」？

▼対面時のあいさつ（口頭でのあいさつ）

新年好！	Xīnnián hǎo!	明けましておめでとうございます。
过年好！	Guònián hǎo!	明けましておめでとうございます。
恭喜！恭喜！	Gōngxǐ! Gōngxǐ!	おめでとうございます。

このようにあいさつされた場合には同じあいさつを返せばよいでしょう。

▼新年会でのあいさつ

| 各位朋友及各位来宾：今天能在此和大家欢聚一堂，举行新年联欢会，我们感到十分高兴。借此机会，祝大家新年愉快，也祝愿我们在新的一年里，共同携手，把我们的事业搞得更好，取得更优异的成绩。干杯！ | Gèwèi péngyou jí gèwèi láibīn: Jīntiān néng zài cǐ hé dàjiā huānjù yītáng, jǔxíng xīnnián liánhuānhuì, wǒmen gǎndào shífēn gāoxìng. Jiè cǐ jīhuì, zhù dàjiā xīnnián yúkuài, yě zhùyuàn wǒmen zài xīn de yī nián lǐ, gòngtóng xiéshǒu, bǎ wǒmen de shìyè gǎode gèng hǎo, qǔdé gèng yōuyì de chéngjì. Gānbēi! | ご来賓並びに友人の皆様，本日こうして皆様と一堂に会しまして新年会を行えることをうれしく思います。この機会をお借りいたしまして，皆様に新年のごあいさつを申し上げます。また，新しい年に，互いに手を取り合って，より立派な仕事をし，さらにすばらしい成果をあげたいものと存じます。それでは，乾杯！ |

▼元旦のあいさつ（社長のあいさつの例）

| 新年好！我谨代表公司向全体员工及家属致以节日的问候，祝大家身体健康，合家幸福，事业发达，万事如意！向元旦节日期间坚守在工作岗位上的员工致以崇高的敬意！你们辛苦了！ | Xīnnián hǎo! Wǒ jǐn dàibiǎo gōngsī xiàng quántǐ yuángōng jí jiāshǔ zhì yǐ jiérì de wènhòu, zhù dàjiā shēntǐ jiànkāng, héjiā xìngfú, shìyè fādá, wànshì rúyì! Xiàng Yuándàn jiérì qījiān jiānshǒu zài gōngzuò gǎngwèi shàng de yuángōng zhì yǐ chónggāo de jìngyì! Nǐmen xīnkǔ le! | 明けましておめでとうございます。私は会社を代表し謹んで全社員と家族の皆さんに新年のごあいさつを申し上げます。皆さんの健康と幸福とご発展を祈ります。元旦の休みの間も職場を守り働いてくださっている皆さんに対し心からの敬意を表します。ご苦労様です。 |

▼年賀状でのあいさつ

恭贺新禧！	Gōnghè xīnxǐ!	謹賀新年。
新年康泰！	Xīnnián kāngtài!	新年にあたりご健康をお祈り申し上げます。
岁岁平安！	Suìsuì píng'ān!	今年もお元気でお過ごしください。

吉祥如意！	Jíxiáng rúyì!	万事めでたく順調でありますよう。
祝你新年愉快，身体健康！	Zhù nǐ xīnnián yúkuài, shēntǐ jiànkāng!	新年にあたりお幸せとご健康をお祈りいたします。
祝你新年快乐，万事如意！	Zhù nǐ xīnnián kuàilè, wànshì rúyì!	新年にあたりお幸せで，すべてが順調でありますようお祈りいたします。
祝新年大吉，万事如意！	Zhù xīnnián dàjí, wànshì rúyì!	新年がよい年で，すべてが順調でありますようお祈りいたします。
祝事业蒸蒸日上，新年更有新气象！	Zhù shìyè zhēngzhēng rì shàng, xīnnián gèng yǒu xīn qìxiàng!	新たな年のますますのご発展とご活躍をお祈りいたします。
新年好！祝在新的一年中一切顺利，阖府安康，健康快乐！	Xīnnián hǎo! Zhù zài xīn de yī nián zhōng yíqiè shùnlì, héfǔ ānkāng, jiànkāng kuàilè!	明けましておめでとうございます。この1年，ご一家皆様がお元気でお幸せに過ごされますようお祈りいたします。
新年到了，衷心祝福你年年圆满如意，月月事事顺心，日日喜悦无忧，时时高兴欢喜，刻刻充满朝气！	Xīnnián dào le, zhōngxīn zhùfú nǐ niánnián yuánmǎn rúyì, yuèyuè shìshì shùnxīn, rìrì xǐyuè wúyōu, shíshí gāoxìng huānxǐ, kèkè chōngmǎn zhāoqì!	新しい年を迎え，今年もすべてが順調でありますよう，そして愉快にお元気でご活躍なされますようお祈りいたしております。
新的一年，新的开始，新的祝福，新的起点！	Xīn de yī nián, xīn de kāishǐ, xīn de zhùfú, xīn de qǐdiǎn!	新たな年は新たな始まりです。新たなる祝福の新たなる出発点です。

▼公用の年賀状

去年承蒙关照，非常荣幸，在此致以衷心的感谢！希望今年仍能得到贵公司的大力支持。祝在新的一年中事业繁荣，发展顺利！并祝各位尊体健康，万事如意！	Qùnián chéngméng guānzhào, fēicháng róngxìng, zài cǐ zhì yǐ zhōngxīn de gǎnxiè! Xīwàng jīnnián réng néng dédào guì gōngsī de dàlì zhīchí. Zhù zài xīn de yī nián zhōng shìyè fánróng, fāzhǎn shùnlì! Bìng zhù gèwèi zūntǐ jiànkāng, wànshì rúyì!	昨年はお世話になりました。大変に光栄に存じます。この機会に衷心より感謝申し上げます。今年度も引き続きお力添えを賜りますようお願い申し上げます。新しい年における貴社のご繁栄，ご発展をお祈りいたします。併せて皆様のご健康とお幸せをお祈り申し上げます。

▼メールでのあいさつ

| 元旦，意味着你去年的烦恼统统完旦*；元旦，意味着你今年的愿望全部要圆满，一句元旦快乐，不能代表我的心，那我就多说一句，元旦快乐，快乐元旦！ | Yuándàn, yìwèizhe nǐ qùnián de fánnǎo tǒngtǒng wándàn; Yuándàn, yìwèizhe nǐ jīnnián de yuànwàng quánbù yào yuánmǎn, yī jù Yuándàn kuàilè, bù néng dàibiǎo wǒ de xīn, nà wǒ jiù duō shuō yī jù, Yuándàn kuàilè, kuàilè Yuándàn! | 元旦，それはあなたの昨年の苦しみがすっかり終わったことを意味します；元旦，それはあなたの今年の願いがすべてかなうことを意味します。新年おめでとうのひと言では私の気持ちは表せません。もうひと言添えて，新年おめでとう，新年おめでとう！（*"完旦"は本来は"完蛋"と書くべきところを同音の"旦"を当て字として使用） |
| 过去的一年，我们合作得十分愉快，感谢一年来您对我工作上的支持，新的一年祝您工作顺利，希望我们今后合作愉快，长长久久！ | Guòqù de yī nián, wǒmen hézuòde shífēn yúkuài, gǎnxiè yī nián lái nín duì wǒ gōngzuò shàng de zhīchí, xīn de yī nián zhù nín gōngzuò shùnlì, xīwàng wǒmen jīnhòu hézuò yúkuài, chángchángjiǔjiǔ! | この1年私たちの協力はとてもうまくいきました。この間のご支持に感謝いたします。新しい年のお仕事が順調でありますようお祈りします。私たちの協力が今後末永くうまくいくように願っております。 |

2 ── "春节" Chūnjié（旧正月）

「春節」とは旧正月のことです。中国の人々にとってもっとも大切な祝日で，前後の土日を入れて7日間の長い休暇を取ることができます。機関や企業などでは一般に，休みに入る前に"迎新会" yíngxīnhuì（新年会）を持つが，休み明けの仕事始めの日に持つこともあります。また，仕事始めの日に全員が一堂に会して互いに新年のあいさつを交わすこともあり，これを"团拜" tuánbài（団体祝賀会）と言います。「春節」の初日，家族内での年少者は年長者に新年のあいさつをします。2日目，3日目には親戚への"拜年" bàinián（年始回り）に出向きます。親戚へのあいさつを済ますと，学生であれば教師へ，部下は上司へ，弟子は師匠へ，あるいは友人同士での年始回りへと広がっていきます。上司が部下を訪ねて"慰问" wèiwèn（慰労）することもありますが，近年は少なくなっています。なお，お土産としては酒や果物，健康食品などが多く，大きな品物でなければ偶数が好まれます。

以前は，家族で手分けして年始回りをしても回りきれないこともありました。しかし，最近では，電話や電子メールや携帯メールで新年のあいさつを済ますことも多くなりました。祝賀メールも"下载" xiàzài（ダウンロード）して使える便利なものさえ生まれています。

「春節」期間中は，"死" sǐ（死ぬ），"病" bìng（病気になる），"杀" shā（殺す）など縁起の悪いことばは口にしてはなりません。不注意で食器を

割った場合なども，"碎了!" Suì le!（割れた！）とは言わず，"岁岁平安!" Suìsuì píng'ān!（今年も無事だ！）などと言います。「春節」の最初の3日間は掃除をしてはいけませんし，ごみを捨ててもいけません。一家の財産となりうる運まで捨ててしまうことを恐れるからです。掃くなら，外へではなく，内へ向けて掃くべきなのです。

▼対面時のあいさつ（口頭でのあいさつ）

A. 过年好！ B. 过年好！	Guònián hǎo! Guònián hǎo!	明けましておめでとうございます。 明けましておめでとうございます。
A. 春节好！ B. 春节好！	Chūnjié hǎo! Chūnjié hǎo!	明けましておめでとうございます。 明けましておめでとうございます。
A. 恭喜发财！ B. 恭喜发财！	Gōngxǐ fācái! Gōngxǐ fācái!	ご商売が繁昌いたしますように。 ご商売が繁昌いたしますように。
A. 我给你拜年了！ B. 谢谢！我也给你拜年了！	Wǒ gěi nǐ bàinián le! Xièxie! Wǒ yě gěi nǐ bàinián le!	新年のごあいさつを申し上げます。 どうもありがとう。私からもごあいさつ申し上げます。

▼「団体祝賀会」でのあいさつ

新春佳节即将来临，在这辞旧迎新之际，我代表公司向大家并通过大家向公司全体干部职工以及职工家属致以节日的问候，向大家拜年。祝大家新年大吉，合家幸福，万事如意！祝公司在新的一年里蒸蒸日上！	Xīnchūn jiājié jíjiāng láilín, zài zhè cí jiù yíng xīn zhī jì, wǒ dàibiǎo gōngsī xiàng dàjiā bìng tōngguò dàjiā xiàng gōngsī quántǐ gànbù zhígōng yǐjí zhígōng jiāshǔ zhì yǐ jiérì de wènhòu, xiàng dàjiā bàinián. Zhù dàjiā xīnnián dàjí, héjiā xìngfú, wànshì rúyì! Zhù gōngsī zài xīn de yī nián lǐ zhēngzhēng rì shàng!	まもなく旧正月を迎えますが，古い年に別れを告げ新しい年を迎えるに当たり，私はわが社を代表し，皆さんに対し，また皆さんを通じてわが社の全ての幹部と職員並びにそのご家族に対し新年のあいさつを贈ります。皆さんがめでたく新年を迎えられ，一家揃ってお幸せで，すべてが順調であるよう祈ります。わが社の新しい1年の発展を祈ります。

▼年賀状やカードなどの書き出しの祝賀のあいさつ

春节快乐！	Chūnjié kuàilè!	春節おめでとうございます。
新春愉快！	Xīnchūn yúkuài!	新春のお慶びを申し上げます。
恭祝新春！	Gōngzhù xīnchūn!	謹んで新春のお慶びを申し上げます。
万象更新！	Wànxiàng gēngxīn!	万象新たなり。

贺新春，庆佳节，阖家平安，万事如意！	Hè xīnchūn, qìng jiājié, héjiā píng'ān, wànshì rúyì!	明けましておめでとうございます。ご一家の皆さまのご無事とお幸せを祈ります。
	基本的には「元旦」の場合と同じ。"新年"を"春节"や"新春"に置き換えるだけでよい。元旦までに出せなかったり，お返しを元旦以降「春節」までに出す場合には，次のように「新年」と「春節」を一緒に祝ってもよい。	
新年好！祝你在新的一年中，身体健康，万事如意，并顺祝春节快乐！	Xīnnián hǎo! Zhù nǐ zài xīn de yī nián zhōng, shēntǐ jiànkāng, wànshì rúyì, bìng shùn zhù Chūnjié kuàilè!	新年おめでとうございます。今年一年もご健康でお幸せでありますよう祈ります。併せて春節のお慶びを申し上げます。

▼メールでのあいさつ

春节快到了，我不打算给你太多。只给你五万"千万要快乐，千万要健康，千万要平安，千万要知足，千万不要忘记我"。	Chūnjié kuài dào le, wǒ bù dǎsuan gěi nǐ tài duō. Zhǐ gěi nǐ wǔ wàn "Qiānwàn yào kuàilè, qiānwàn yào jiànkāng, qiānwàn yào píng'ān, qiānwàn yào zhīzú, qiānwàn búyào wàngjì wǒ".	もうすぐ春節ですね。私はあなたにそんなに多くはあげません。「絶対に愉快であって，絶対に健康であって，絶対に平穏無事であって，絶対に満足できて，そして絶対に私を忘れないでという五つの絶対」だけを贈ります。
没有声音，但有祝福；没有鲜花，但有真情，有来自内心真诚的祝愿；在新春来临之际，真诚地祝你及你全家平安吉祥！万事如意！	Méi yǒu shēngyīn, dàn yǒu zhùfú; méi yǒu xiānhuā, dàn yǒu zhēnqíng, yǒu lái zì nèixīn zhēnchéng de zhùyuàn; zài xīnchūn láilín zhī jì, zhēnchéng de zhù nǐ jí nǐ quánjiā píng'ān jíxiáng! Wànshì rúyì!	声はなくてもお祝いのことばがあります。花はなくても真心があります。心からの真実の気持を伝えます。新春を迎え，心よりあなたとご家族のお幸せを祈ります。すべてが順調でありますように！
愿今天的您是快乐的；今晚的您是开心的；今时的您是甜蜜的；今年的您是顺利的。今世的您是健康的；今生的您是幸福的；此时的您是微笑的；祝春节快乐！	Yuàn jīntiān de nín shì kuàilè de; jīnwǎn de nín shì kāixīn de; jīnshí de nín shì tiánmì de; Jīnnián de nín shì shùnlì de. Jīnshì de nín shì jiànkāng de; Jīnshēng de nín shì xìngfú de; Cǐshí de nín shì wēixiào de; Zhù Chūnjié kuàilè!	いつもあなたが快適で，いつもあなたが楽しくて，いつもあなたが幸せで，今年もうまくいくよう祈ります。健康で幸福なあなたが微笑んでいます。新年おめでとうございます。

3 —— "元宵节" Yuánxiāojié（小正月；元宵節）

旧暦の1月15日で，"上元节" Shàngyuánjié（上元節），"灯节" Dēngjié（灯籠祭）などとも言われます。"元宵"とは「最初の（満月の）夜」という意味です。春，秋，冬の三つの季節の最初の満月の夜をそれぞれ"上元"，"中元"，"下元"（合わせて"三元"）といいますが，"上元"とはその最初の日です。「元宵節」の起源は諸説あり，はっきりしませんが，いずれにしろ「灯籠（提灯）」と関連し"灯节"（灯籠祭）とも言われます。「灯籠祭」は，隋，唐の頃には既にかなりの規模になり，明，清の時代になるとさまざま形をした「灯籠（提灯）」が飾られたといわれます。北京には"灯市口" Dēngshìkǒu（灯市口）という地名がありますが，明代には「灯籠（提灯）」を売る市ができており地名はそれに由来するといわれます。このこと一つを取っても相当古くから賑やかな祭りであったことが伺われます。さまざまな形や色とりどりの提灯に灯が灯され，提灯に書かれた謎々をあてる遊びまであります。昼間には"花会" huāhuì と呼ばれる民間芸能の催しがあり，獅子舞や龍舞などが見られます。団欒，吉祥，和睦，円満を祈って食べる満月のように丸い"元宵"（元宵団子）もこの祭りの時に欠かせない食べ物として有名です。「灯籠祭」が終わる16日には，半月間続いた春節も幕を下ろすことになります。「灯籠祭」では，彫刻，切り紙，絵画，刺繍などの民間芸術に古くからの伝統が残る一方，照明，レーザー，音響技術などの新しい技術も相まって，人々の目を楽しませてくれます。元宵節での北京やハルビンの"冰灯会" bīngdēnghuì も有名です。女子の外出が簡単には許されなかった時代には，「灯籠祭」での灯籠見物は，男女がめぐり合える絶好の機会を与えてくれる場でもありました。

春節の延長でもあり，特別の祝福のあいさつことばがあるわけでもありませんが，最近では携帯のメールであいさつを交わすこともあります。

▼メールでの祝福

（祝）元宵节快乐！	(Zhù) Yuánxiāojié kuàilè!	元宵節おめでとう。
天上月儿圆，地上人团圆，事事都圆！花好，景好，心情更好！祝愿你和家人元宵节快乐！	Tiānshang yuè'ér yuán, dìshang rén tuányuán, shìshì dōu yuán! Huā hǎo, jǐng hǎo, xīnqíng gèng hǎo! Zhùyuàn nǐ hé jiārén Yuánxiāojié kuàilè!	空の月はまん丸で，地上の人は幸せで，万事円満。花も景色もすばらしく，気分も最高。ご家族の皆さんと元宵節を楽しくお過ごしください。
喜迎元宵，日圆，月圆，团团圆圆！官源，财源，左右逢源！人缘，福缘，缘缘不断！情愿，心愿，愿愿随心！	Xǐyíng Yuánxiāo, rì yuán, yuè yuán, tuántuányuányuán! Guānyuán, cáiyuán, zuǒyòu féng yuán! Rényuán, fúyuán, yuányuán búduàn! Qíngyuàn, xīnyuàn, yuànyuàn suíxīn!	元宵節を迎え，日も月もまん丸く，みんなも幸せ。仕事にもお金にも恵まれて，いろいろ運にも恵まれて，願いもすべて叶います。

4 ── "情人节" Qíngrénjié（バレンタインデー）

2月14日の"情人节"はバレンタインデーで，日本とは異なり，未婚の男性が女性に"玫瑰花"méiguihuā（バラ）や"康乃馨"kāngnǎixīn（カーネーション）などを贈り，愛の気持ちを表します。恋愛中の男女もバラやチョコレートを贈り合ったりレストランで食事をしたりしてこの日を祝います。この日，互いにプレゼントを贈り，愛情を確かめ合う微笑ましい夫婦もあるようです。ここ10年あまり，この日になるとバラの値段が倍以上に跳ね上がるほど年々人気が増しています。

▼メールでの祝福

（祝）情人节快乐！	(Zhù) Qíngrénjié kuàilè!	バレンタインデーおめでとう。
对你的感情就像汤圆，甜甜的，粘粘的；对你的思念就像花灯，闪闪的，亮亮的；亲爱的，让我们一起跨越元宵节，迎接情人节吧！	Duì nǐ de gǎnqíng jiù xiàng tāngyuán, tiántiānde, niánniānde; duì nǐ de sīniàn jiù xiàng huādēng, shǎnshǎnde, liàngliàngde; qīn'àide, ràng wǒmen yìqǐ kuàyuè Yuánxiāojié, yíngjiē Qíngrénjié ba!	私のあなたに対する気持ちは元宵節(タンユアン)に食べる湯圓のように甘くていつもあなたのことばかり。私のあなたへの想いは元宵節の灯籠のように輝いています。大好きなあなたと共に元宵節からバレンタインデーを迎えましょう。
也许我的肩膀不够宽广，但足以为你遮挡风雨；也许我的胳膊不够有力，但还能为你撑起一片蓝天。情人节快乐，我的爱人！	Yěxǔ wǒ de jiānbǎng búgòu kuānguǎng, dàn zúyǐ wèi nǐ zhēdǎng fēngyǔ; yěxǔ wǒ de gēbo búgòu yǒulì, dàn hái néng wèi nǐ chēngqǐ yī piàn lántiān. Qíngrénjié kuàilè, wǒ de àirén!	僕の肩はそんなに大きくないかもしれないが，雨や風から君を守ってみせる。僕の力はそんなに強くないかもしれないが，それでも君の頼りになるだろう。バレンタインデーおめでとう。僕の愛する人へ。
我没有金银财宝汽车洋房，也没有很多钱存在银行，但是我有爱你的心，好多好多好多好多装得满满的满满的一箱。在情人节送给你。	Wǒ méi yǒu jīnyín cáibǎo qìchē yángfáng, yě méi yǒu hěn duō qián cúnzài yínháng, dànshi wǒ yǒu ài nǐ de xīn, hǎoduō hǎoduō hǎoduō hǎoduō zhuāngde mǎnmǎnde mǎnmǎnde yī xiāng. Zài Qíngrénjié sònggěi nǐ.	僕には大したものは何もなく，銀行のお金もいくらもない。でも，僕には君を愛する心がある。箱に詰まったいっぱいのいっぱいの心が。バレンタインデーに君に届けます。

5 ── "三八妇女节" Sān-Bā Fùnǚjié（国際婦人デー）

"国际妇女节" Guójì Fùnǚjié，"三八节" Sān-Bājié，"妇女节" Fùnǚjié などとも言います。3月8日は「国際婦人デー」で，女性のみ半日休みとなります。仕事に差し支えがある場合には振り替えて休むことになります。以前は映画チケットが支給され映画を楽しむことが多かったのです

が，現在では品物やお金が支給されることが多くなりました。これといった特別な祝福のあいさつことばがあるわけではありません。

▼メールでの祝福

祝你身体健康，合家幸福，节日愉快！	Zhù nǐ shēntǐ jiànkāng, héjiā xìngfú, jiérì yúkuài!	ご健康とご家族の皆さまのお幸せを祈ります。楽しい祝日を。
祝您健康，美丽，年轻，节日快乐！	Zhù nín jiànkāng, měilì, niánqīng, jiérì kuàilè!	お元気で，美しく，いつも若々しく。楽しい祝日を。
忙碌是一种幸福，让我们没时间体会痛苦，奔波是一种快乐，让我们真实地感受生活，疲惫是一种享受，让我们无暇顾及空虚，三八节，祝你幸福快乐！	Mánglù shì yī zhǒng xìngfú, ràng wǒmen méi shíjiān tǐhuì tòngkǔ, bēnbō shì yī zhǒng kuàilè, ràng wǒmen zhēnshíde gǎnshòu shēnghuó, píbèi shì yī zhǒng xiǎngshòu, ràng wǒmen wúxiá gùjí kōngxū, Sān-Bājié, zhù nǐ xìngfú kuàilè!	忙しいのは幸せなことです。苦しいと思う時間もないから。苦労は楽しいものです。生活を実感させてくれるから。疲れるのだってよいことです。むなしいと考える暇など与えないから。婦人デーです。お幸せに。

6 ── "植树节" Zhíshùjié（植樹デー）

「植樹デー」は多くの国において設けられていますが，木を植えるのに適した時季がまちまちであるため，他の国際的な記念日のように一定しません。中国の"植树节"は，1915年に陰暦の清明節の日としたのが最初です。その後1928年に孫中山の命日である3月12日に変更。中華人民共和国になってからも，早くも1950年代に"绿化运动" lǜhuà yùndòng（緑化運動）が国家的に計画されました。現在の「植樹デー」も，かつてと同じ3月12日で，文化大革命後の1979年に制定されたものです。植樹は国民の義務とされ，1981年には11歳以上の人は原則として毎年3本〜5本の木を植えることが義務付けられています。

7 ── "清明节" Qīngmíngjié（清明；清明節）

新暦4月5日ごろで，火の使用を禁じて（その理由はいくつかの説がある）冷食（冷たい食事）を取る"寒食" hánshí（「寒食」）と一つになった祭日です。そのため，"寒食节" Hánshíjié とも言われます。"扫墓" sǎomù（墓参り）をして祖先を祭ります。墓参りでは線香を上げ，供えものを供え，紙銭を燃やします。儒教の教えにより，親の生前には親孝行をし，親が亡くなってからは，毎年その墓参りをするのです。家族揃って一斉に墓参りに行くことも多く，しばしば交通渋滞や混雑が起こります。ちょうど若草が芽生える季節でもあり，若草を踏んで郊外へピクニックに出かける人も多くみられます。これを"踏青" tàqīng と言います。また，野外で

"放风筝" fàng fēngzheng（凧揚げ）をしたり，"荡秋千" dàng qiūqiān（ブランコ遊び）をしたりするのも，清明節の頃の古くからの風習です。

8 ── "五一劳动节" Wǔ-Yī Láodòngjié（メーデー）

5月1日の「メーデー」は，"国际劳动节" Guójì Láodòngjié，"劳动节" Láodòngjié，"五一" Wǔ-Yī などとも言われます。3連休の一つであったのですが，2008年より1日だけの休みになりました。特にあいさつを交わすこともありませんが，メールであいさつを交わす人もあります。

▼メールでの祝福

五一节快乐！	Wǔ-Yījié kuàilè!	メーデーおめでとう。
衷心感谢你在过去一年为公司做出的贡献，祝五一快乐，万事如意！	Zhōngxīn gǎnxiè nǐ zài guòqù yī nián wèi gōngsī zuòchū de gòngxiàn, zhù Wǔ-Yī kuàilè, wànshì rúyì!	この1年わが社のために貢献されたことに対し心から感謝いたします。メーデーを祝福するとともにお幸せを祈ります。
祝你的努力和汗水尽快变成明天成功的果实。劳动节快乐！	Zhù nǐ de nǔlì hé hànshuǐ jǐnkuài biànchéng míngtiān chénggōng de guǒshí. Láodòngjié kuàilè!	あなたの努力と汗が明日のみごとな果実となるよう祈ります。メーデーおめでとう。
劳动带给我们一切，有劳动，才有回报，才有收获！祝你劳动节快乐！	Láodòng dàigěi wǒmen yíqiè, yǒu láodòng, cái yǒu huíbào, cái yǒu shōuhuò! Zhù nǐ Láodòngjié kuàilè!	労働は私たちにすべてをもたらしてくれます。労働があってはじめて見返りがあり，成果もあるのです。メーデーおめでとう。
祝你劳动节愉快！心想事成！工作开心！我会永远支持你的！	Zhù nǐ Láodòngjié yúkuài! Xīn xiǎng shì chéng! Gōngzuò kāixīn! Wǒ huì yǒngyuǎn zhīchí nǐ de!	楽しいメーデーであるよう祈ります。お幸せでお仕事も楽しいことを祈ります。いつまでもあなたの味方です。
"五一"到来之际，为您送上一份衷心的祈祷与祝福，诚祝您与您的家人渡过一个愉快的劳动节！	"Wǔ-Yī" dàolái zhī jì, wèi nín sòngshang yī fèn zhōngxīn de qídǎo yǔ zhùfú, chéngzhù nín yǔ nín de jiārén dùguò yī ge yúkuài de Láodòngjié!	メーデーに際し，心からの祝福を送らせていただきます。あなたとご家族が楽しいメーデーをお過ごしになられますよう祈っております。

9 ── "五四青年节" Wǔ-Sì Qīngniánjié（青年の日）

5月4日の中国の「青年の日」です。"青年节" Qīngniánjié とも言います。1919年の"五四运动" Wǔ-Sì Yùndòng（「五四運動」）と言われる反帝国主義，反封建主義愛国運動に由来します。1949年に制定されました。中学生以上は半日休みとなり，記念行事やボランティア活動に参加します。

10 ── "端午节" Duānwǔjié（端午の節句）

旧暦5月5日で，"端五节" Duānwǔjié，"端阳节" Duānyángjié，"重午节" Chóngwǔjié，"重五节" Chóngwǔjiéとも言われます。その起源についてはいくつかの説があります。もっともよく知られているのは，戦国時代の楚の政治家・愛国詩人"屈原" Qū Yuán（屈原）が"汨罗" Mìluó（汨羅(べき)）という川に身を投げて自害したのが5月5日であることに由来するというものです。地元の人々が遺体を引き上げようと船を出したとか，魚に食べられないように粽(ちまき)を川に投げ込んだといった伝説が伝わっています。"赛龙舟" sài lóngzhōu（竜船レース）や"吃粽子" chī zòngzi（粽を食べること）が，多くの地方で端午の節句と切り離せない風俗になっているのは興味深いところです。現在の若者はそのほとんどが粽を作れないため，年長者が粽を作って友人や子どもに分け与えたりもします。また，市販の粽を買って来たり，それを贈答品として利用するのも新しい傾向です。

近年，地域によっては魔除け用の「ヨモギ」やお守り兼アクセサリーとしての「香袋」を買う人が多くなっています。古くからの端午の節句の風習"插艾叶" chā àiyè（ヨモギを魔除けのため家の入口に挿す）や"挂香袋" guà xiāngdài（魔除け，お守りとして香袋を子どもの首にかける）が再び盛んになってきているのです。現在では香袋は大人がバッグやケータイにつけたりもするのですが。

▼メールでの祝福

端午节快乐！	Duānwǔjié kuàilè!	端午の節句おめでとう。
祝端午快乐！	Zhù Duānwǔ kuàilè!	端午の節句おめでとう。
每逢佳节倍思亲，祝你端午节平安快乐！	Měiféng jiājié bèi sī qīn, zhù nǐ Duānwǔjié píng'ān kuàilè!	「佳節を迎えるたびにいつにもまして家族を想う」と言いますが，端午の節句を楽しくお過ごしください。
手捧粽子，缅怀离骚，龙舟竞渡，勇往直前！祝端午节快乐！	Shǒu pěng zòngzi, miǎnhuái Lísāo, lóngzhōu jìngdù, yǒng wǎng zhí qián! Zhù Duānwǔjié kuàilè!	粽を手にして「離騒」を想い，竜船は勇往邁進する。端午の節句おめでとう。

11 ── "母亲节" Mǔqīnjié（母の日）

5月の第2日曜日は，母の日です。いわゆる"洋节" yángjié（外来の祝祭日）の一つで，中国に入ってまだ日は浅いのですが，ここ数年間かなり広く受け入れられてきました。子どもから母親にカーネーション，健康食品，化粧品などが贈られるのが普通ですが，成人や経済的に豊かな人であれば，宝石や貴金属の装飾品など母親の好きな品物を贈って感謝します。

▼口頭での感謝のことば

子：妈妈，祝你节日快乐！ 母：谢谢！	zǐ: Māma, zhù nǐ jiérì kuàilè! mǔ: Xièxie!	子：お母さん，おめでとう。 母：ありがとう。
子：妈妈，辛苦了！ 母：不辛苦。	zǐ: Māma, xīnkǔ le! mǔ: Bù xīnkǔ.	子：お母さん，いつもありがとう。 母：どういたしまして。

▼メールでの祝福

亲爱的妈妈：您是我的骄傲！祝愿您身体健康，笑口常开！	Qīn'ài de māma: Nín shì wǒ de jiāo'ào! Zhùyuàn nín shēntǐ jiànkāng, xiàokǒu cháng kāi!	愛するお母さん：お母さんは私の自慢です。元気でいつもにこにこしているお母さんでいてください。
妈妈，谢谢你给予我如此灿烂美好的生命！	Māma, xièxie nǐ jǐyǔ wǒ rúcǐ cànlàn měihǎo de shēngmìng!	お母さん，こんなにすばらしい生命を与えてくださりありがとう。
妈妈！您生我，养我，育我……，这个节日里，儿子向您问好，希望您身体健康，万事如意！	Māma! Nín shēng wǒ, yǎng wǒ, yù wǒ……, zhège jiérì lǐ, érzi xiàng nín wènhǎo, xīwàng nín shēntǐ jiànkāng, wànshì rúyì!	お母さん。私を生み育ててくださり……，母の日に当り，僕からのごあいさつです。お元気でお幸せに。
妈妈，您辛苦了，我希望我能使您晚年生活更幸福。	Māma, nín xīnkǔ le, wǒ xīwàng wǒ néng shǐ nín wǎnnián shēnghuó gèng xìngfú.	お母さん，ありがとう。これからはもっと幸せにしてあげたいと思っています。
妈妈，祝您健康长寿！永远年轻！天天快乐！	Māma, zhù nín jiànkāng chángshòu! Yǒngyuǎn niánqīng! Tiāntiān kuàilè!	お母さん，いつまでもお元気で，いつまでも若くて，毎日を楽しく。
妈妈，如今我也做了母亲，您的辛苦，您的爱，我也体会更深。祝您母亲节快乐！	Māma, rújīn wǒ yě zuòle mǔqin, nín de xīnkǔ, nín de ài, wǒ yě tǐhuì gèng shēn. Zhù nín Mǔqinjié kuàilè!	お母さん，私も今は母となりました。お母さんの苦労とお母さんの愛情が前よりもよく分かるようになりました。母の日おめでとう。
妈，您的怀抱最温暖！无论我走多远，心中永远眷恋您。	Mā, nín de huáibào zuì wēnnuǎn! Wúlùn wǒ zǒu duō yuǎn, xīnzhōng yǒngyuǎn juànliàn nín.	お母さん，お母さんの懐が一番です。どんなに遠くにいても，心の中ではいつもお母さんのことを想っています。
妈，为了我您的黑发变白，费尽心血。今天是您的节日，妈，谢谢您！	Mā, wèile wǒ nín de hēifà biànbái, fèijìn xīnxuè. Jīntiān shì nín de jiérì, mā, xièxie nín! Nín	お母さん，私のために髪も白くなりましたね。苦労の連続で。今日はお母さんを祝う日です。お母さん，

您辛苦了！儿会尽我所能报答您我最亲的妈妈！	xīnkǔ le! Ér huì jìn wǒ suǒ néng bàodá nín wǒ zuì qīn de māma!	本当にありがとう。僕は大好きなお母さんのためにできるだけの恩返しをするからね。
今天是母亲节，愿你永远健康美丽；一切事情都顺心如意。没有鲜花，没有礼物，只有我深深的祝福！	Jīntiān shì Mǔqinjié, yuàn nǐ yǒngyuǎn jiànkāng měilì; Yíqiè shìqing dōu shùnxīn rúyì. Méi yǒu xiānhuā, méi yǒu lǐwù, zhǐ yǒu wǒ shēnshēn de zhùfú!	今日は母の日です。いつまでも美しくお元気で。すべての事がうまくいくよう祈ります。花もプレゼントも無いけれど，心からの私の祝福を受け取ってください。
妈妈，你辛苦了，儿子在有生之年，会孝顺你老的，母亲节快乐！	Māma, nǐ xīnkǔ le, érzi zài yǒu shēng zhī nián, huì xiàoshùn nǐ lǎo de, Mǔqinjié kuàilè!	お母さん，ありがとう。僕は生きているかぎり，きっとお母さんに孝行を尽くすからね。母の日おめでとう。
母亲您给了我生命，而我则成了您永远的牵挂。在我无法陪伴左右的日子里，愿妈妈您每一天都平安快乐。母亲节快乐！	Mǔqin nín gěile wǒ shēngmìng, ér wǒ zé chéngle nín yǒngyuǎn de qiānguà. Zài wǒ wúfǎ péibàn zuǒyòu de rìzi li, yuàn māma nín měi yī tiān dōu píng'ān kuàilè. Mǔqinjié kuàilè!	お母さんは私に生命をくださったのに，私はいつまでもあなたの心配の種になっています。私が傍に付き添えない時にも，どうか元気で無事にお過ごしください。母の日おめでとう。
妈妈：身在异乡的我不能给您亲手送上一束康乃馨，惟有以此短信一表我的心意，祝您健康，快乐，幸福无边。	Māma: Shēn zài yìxiāng de wǒ bù néng gěi nín qīnshǒu sòngshang yī shù kāng'nǎixīng, wéiyǒu yǐ cǐ duǎnxìn yī biǎo wǒ de xīnyì, zhù nín jiànkāng, kuàilè, xìngfú wúbiān.	お母さん：異郷にいる私には，自分の手でカーネーションをお届けすることができません。このメールで私の気持ちだけお届けします。お元気で，楽しく，いつまでもお幸せであるよう祈ります。
你的爱，我永远报答不了；你对我多年以来的默默支持，是我积极向上的精神支柱。妈妈，我爱你。	Nǐ de ài, wǒ yǒngyuǎn bàodábuliǎo; Nǐ duì wǒ duōnián yǐlái de mòmò zhīchí, shì wǒ jījí xiàngshàng de jīngshén zhīzhù. Māma, wǒ ài nǐ.	お母さんの愛にはいつになってもちゃんと報えそうにありません。長い間何も言わずに励ましてくださったので，私は頑張ってこれました。お母さん，愛しています。

12 —— "六一儿童节" Liù-Yī Értóngjié（国際児童デー）

"六一国际儿童节" Liù-Yī Guójì Értóngjié, "国际儿童节" Guójì Értóngjié, "儿童节" Értóngjié, "六一节" Liù-Yījié, "六一" Liù-Yī とも言います。6月1日の「国際児童デー」で，中国の「子供の日」でもあります。満13歳以下の子どもは授業が1日休みとなり，午前中は学校で祝賀行事が行われ，午後は親と過ごします。そのために親が1日休暇を取ることのできる企業も増えています。一人っ子の家庭が多いため，子どもは親だけ

でなく，親戚や親の友人からもプレゼントを贈られます。携帯電話を持つ子供同士や親子同士で祝福メールを交わすことも多くあります。

▼口頭での祝福

父母：祝你儿童节快乐！ 　　　给你礼物。 儿女：谢谢爸爸妈妈！	fùmǔ: Zhù nǐ Értóngjié kuàilè! 　　　Gěi nǐ lǐwù. ěrnǚ: Xièxie bàba māma!	親：こどもの日，おめでとう。はい，プレゼント。 子：お父さん，お母さん，ありがとう。

▼メールでの祝福

祝你六一节快乐！	Zhù nǐ Liù-Yījié kuàilè!	こどもの日おめでとう。
祝六一快乐！	Zhù Liù-Yī kuàilè!	こどもの日おめでとう。
儿童节到了，祝节日快乐！	Értóngjié dào le, zhù jiérì kuàilè!	こどもの日だ。おめでとう。
宝贝，今天是你的节日，妈妈只想说一句，永远爱你！	Bǎobèi, jīntiān shì nǐ de jiérì, māma zhǐ xiǎng shuō yī jù, yǒngyuǎn ài nǐ!	いい子ね，今日はあなたのためのお祝いの日。お母さんが言いたいのは，いつまでもあなたのことが好きだということ。
这个世界上有这么多聪明可爱的小朋友，但是在爸爸的心中你永远是最棒的，祝你儿童节快乐！	Zhège shìjiè shàng yǒu zhème duō cōngming kě'ài de xiǎopéngyǒu, dànshi zài bàba de xīnzhōng nǐ yǒngyuǎn shì zuì bàng de, zhù nǐ Értóngjié kuàilè!	この世にはたくさんの賢く可愛いお友だちがいるけど，お父さんの中ではお前がいつでも一番だよ。おめでとう。

13── "父亲节" Fùqinjié（父の日）

6月の第3日曜日。"母亲节" Mǔqinjié よりも認知度の低い外来の祭日で，今一つ盛り上がりに欠けます。

▼メールでの祝福

爸爸，您总是用最平淡最朴素的方式去表达您的爱，但您的爱却足够我享用一辈子，祝您父亲节快乐！	Bàba, nín zǒngshì yòng zuì píngdàn zuì pǔsù de fāngshì qù biǎodá nín de ài, dàn nín de ài què zúgòu wǒ xiǎngyòng yíbèizi, zhù nín Fùqinjié kuàilè!	お父さん，いつも何気ないやり方でそっと私に愛情を寄せてくださいました。でも，もう十分すぎるほどの愛情を受けました。父の日おめでとう。
父亲给了我一片蓝天，给了我一方沃土，父亲是	Fùqin gěile wǒ yī piàn lántiān, gěile wǒ yī fāng wòtǔ, fùqin	お父さんは私に大きな世界を与えてくださいました。お父さんはいつ

我生命里永远的太阳，祝父亲节快乐，身体健康，万事如意！	shì wǒ shēngmìng lǐ yǒngyuǎn de tàiyáng, zhù Fùqīnjié kuàilè, shēntǐ jiànkāng, wànshì rúyì!	までも私の心の中の太陽です。父の日にあたり，ご無事とお幸せを祈ります。
爸爸，不管您打过我也好，骂过我也好，我知道都是为了我好，恨铁不成钢，我心里一点也不怪您，我要告诉您，您是我永远的好爸爸。	Bàba, bùguǎn nín dǎguo wǒ yě hǎo, màguo wǒ yě hǎo, wǒ zhīdao dōu shì wèile wǒ hǎo, hèn tiě bù chéng gāng, wǒ xīnlǐ yìdiǎn yě bù guài nín, wǒ yào gàosu nín, nín shì wǒ yǒngyuǎn de hǎo bàba.	お父さん，お父さんが私を打ったのも，私を叱ったのも，みんな私のためを思ったり，もっと立派になって欲しかったからだと分かっています。少しも恨んだりしていません。お父さんは本当にいつまでも私のすばらしいお父さんです。
爸爸，您每日风里来，雨里去，为家人的生计而奔波，您太累了，爸爸，现在儿女都已长大了，您也该享享福了。祝您父亲节快乐！	Bàba, nín měirì fēnglǐ lái, yǔlǐ qù, wèi jiārén de shēngjì ér bēnbō, nín tài lèi le, bàba, xiànzài érnǚ dōu yǐ zhǎngdà le, nín yě gāi xiǎngxiang fú le. Zhù nín Fùqīnjié kuàilè!	お父さんは，毎日雨の日だって風の日だって，みんなのためにずいぶん苦労されました。本当にお疲れ様でした。今は子どもたちももう大きくなりました。少しは楽をしてください。父の日の祝福を送ります。

14 ── "七夕节" Qīxījié（七夕祭り）

旧暦7月7日の夜，"天河" tiānhé（天の川）の両岸に引き離されている"牛郎" Niúláng（牛飼いの若者）と"织女" Zhīnǚ（織姫）が，"喜鹊" xǐque（カササギ）が連なって架けてくれた橋"鹊桥" quèqiáo を渡って年に1回出会うという伝説があります。また，「織姫」は賢く手先が器用であるということから，女性たちが庭に祭壇を設え供え物をして，手芸や針仕事がうまくなるよう「織姫」にお願いする"乞巧" qǐqiǎo の風習も残っています。そのため，"七夕节"は"乞巧节" Qǐqiǎojié（裁縫上達を祈る日），"女儿节" Nǚ'érjié（女の子の日）などとも呼ばれます。また，「バレンタインデー」と同様に，男女の愛を取り持つ日であるためか，「中国のバレンタインデー」とも言われます。若者の間では「バレンタインデー」への傾斜が強いのですが，伝統文化を守りたい人々にとっては，"七夕节"によって"洋节"である"情人节"にとって換えたい気持ちが強いようです。しかし，若者にとっては，恋を語り，愛を確かめるチャンスがそれだけ多くなるので，共存でよいのかもしれません。

▼メールでの祝福

七夕节快乐！	Qīxījié kuàilè!	七夕祭りおめでとう。
年年花相似，岁岁人不同；鹊桥一相会，留在	Niánnián huā xiāngsì, suìsuì rén bùtóng; quèqiáo yī xiānghuì,	花は毎年同じように咲くものの，人はそうはいきません。カササギの

你心中。	liúzài nǐ xīnzhōng.	橋での出会いのこと，心に留めておいてください。
七夕，牛郎织女相会的日子，我是多么地盼望奇迹的出现啊！情人节快乐！	Qīxī, Niúláng Zhīnǚ xiānghuì de rìzi, wǒ shì duōme de pànwàng qíjì de chūxiàn a! Qíngrénjié kuàilè!	七夕は彦星と織姫の出会いの日。私がどんなに奇跡の起こるのを待っていることでしょう。「(中国の)バレンタインデー」おめでとう。
情人节快乐！愿我俩的爱情能比牛郎织女更深，但不要像他们的两地相思，相思之苦好惨喔！	Qíngrénjié kuàilè! Yuàn wǒ liǎ de àiqíng néng bǐ Niúláng Zhīnǚ gèng shēn, dàn búyào xiàng tāmen de liǎng dì xiāngsī, xiāngsī zhī kǔ hǎo cǎn o!	「(中国の)バレンタインデー」おめでとう。私たちの愛が彦星織姫より深いことを願います。でも彼らのような離れ離れの恋はごめんです。離れ離れの恋なんて，何て痛ましいことでしょう。
七夕之夜，面对皎洁的明月，让我郑重许下我的心愿：我要爱你，直到永远！	Qīxī zhī yè, miàn duì jiǎobái de míngyuè, ràng wǒ zhèngzhòng xǔxià wǒ de xīnyuàn: Wǒ yào ài nǐ, zhídào yǒngyuǎn!	七夕の夜に，明るいお月さまに向かって，願を懸けます。あなたをいつまでも愛しますと。
今天是七夕的中式情人节，愿鹊桥飞架南北，你我共度良辰！	Jīntiān shì Qīxī de zhōngshì Qíngrénjié, yuàn quèqiáo fēi jià nánběi, nǐ wǒ gòng dù liángchén!	今日は七夕で，中国のバレンタインデーです。カササギが飛んで来て橋を架けてくれ，二人で楽しい時を過ごせたらよいものを。
亲爱的，今天是中国情人节，远远的，送你一个情人节的吻！中国式。	Qīn'àide, jīntiān shì Zhōngguó Qíngrénjié, yuǎnyuǎnde, sòng nǐ yī ge Qíngrénjié de wěn! Zhōngguó-shì.	今日は中国のバレンタインデーです。遠くから愛しいあなたにキスを送ります。中国式に。

15 —— "八一建军节" Bā-Yī Jiànjūnjié（中国人民解放軍建軍記念日）

　　1927年8月1日の中国共産党が指導して起こした"（八一）南昌起义"(Bā-Yī) Nánchāng Qǐyì（南昌蜂起）に由来する中国人民解放軍の「建軍記念日」。"八一"，"八一节"などとも言われます。現役の軍人には半日休みが与えられます。

16 —— "中秋节" Zhōngqiūjié（中秋）

　　旧暦8月15日の祭日で，伝統的な祭日について言えば，「春節（旧正月）」に次いで盛大に祝われます。秋の真ん中に当たり，"仲秋节" Zhōngqiūjié, "八月节" Bāyuèjié, "八月半" Bāyuèbàn などとも言われます。"赏月" shǎngyuè（月をめでること）と"吃月饼"chī yuèbing（月餅を食べること）の二つが主要な行事の祭日ですが，同時に心の中で家族の

無事を祈り，一家の団欒を願う祭日でもあり，"团圆节" Tuányuánjié とも言います。

　古くは，満月の丸く明かるい月に，丸い食品やさまざまな果物等を供えました。元々，月と同じように丸い「餅」はお供え用でしたが，それが今では贈答用にも用いられる「月餅」となったのです。現在では，月を祭る行事はほとんど見られなくなりましたが，お月見の会は今でも行われます。両親と別居している若い人々は，月餅を持参して両親を訪ね，テーブルを囲んで食事をします（遠く離れていて訪ねることもできない場合には月餅を送ることもあります）。会社や工場では家に帰れない人を集めて"聚餐会" jùcānhuì（会食）をやります。「中秋」は，お世話になった方にお礼をする機会でもあります。従来は月餅を贈ることが多かったのですが，最近では嵩張（かさば）る月餅よりも2箱分の"月饼票" yuèbingpiào（正式名称は"月饼券" yuèbingquàn）と言われる「月餅商品券」を贈ることがより一般的になってきました。

▼中秋節の会食会でのあいさつことば

| 每逢佳节倍思亲，在今天合家团圆的日子里，我们远离家乡，远离亲人，在这里，我代表公司，祝大家中秋节快乐！ | Měiféng jiājié bèi sī qīn, zài jīntiān héjiā tuányuán de rìzi lǐ, wǒmen yuǎn lí jiāxiāng, yuǎn lí qīnrén, zài zhèli, wǒ dàibiǎo gōngsī, zhù dàjiā Zhōngqiūjié kuàilè! | 「佳節を迎えるたびにいつにもまして家族を想う」と言いますが，家族の団欒するこの日に，私たちは遠く故郷を離れ，家族から遠く離れています。私はここで会社を代表して，皆さんに中秋節のお祝いを申し上げます。 |

▼メールでの祝福

祝你中秋节快乐！	Zhù nǐ Zhōngqiūjié kuàilè!	中秋節おめでとう。
祝你的事业和生活像中秋的圆月一样，亮亮堂堂，圆圆满满！	Zhù nǐ de shìyè hé shēnghuó xiàng Zhōngqiū de yuányuè yíyàng, liàngliàngtángtāng, yuányuánmǎnmǎn!	あなたの事業と生活が中秋の名月のようにすばらしく順調であるよう祈ります。
当风起的时候，我在想你！当月圆的时候，我在念你！中秋快乐，记得常联系！	Dāng fēng qǐ de shíhou, wǒ zài xiǎng nǐ! Dāng yuè yuán de shíhou, wǒ zài niàn nǐ! Zhōngqiū kuàilè, jìde cháng liánxì!	風が出た時にはあなたのことを思い，満月の時にはあなたのことを想っています。中秋を楽しく過ごしてください。そしていつも連絡を。
月到中秋分外明，人逢佳节倍思亲！祝老友亲朋花好月圆，人和家兴！	Yuè dào Zhōngqiū fēnwài míng, rén féng jiājié bèi sī qīn! Zhù lǎoyǒu qīnpéng huā hǎo yuè yuán, rén hé jiā xīng!	月は中秋になることのほか明るく，人は佳節を迎えればいつにもまして家族を想うものです。郷里の親戚や知人が楽しい中秋節を過ごさ

		れ，皆さんが幸せで家の栄えることを祈ります。
你我虽相隔十万八千里，却沐浴在同一片月光下，迎接同一个节日，中秋，让月光送上我的祝福；团圆幸福，快乐每一天。	Nǐ wǒ suī xiānggé shíwàn bāqiān lǐ, què mùyùzài tóng yī piàn yuèguāng xià, yíngjiē tóng yīge jiérì, Zhōngqiū, ràng yuèguāng sòngshang wǒ de zhùfú; tuányuán xìngfú, kuàilè měi yī tiān.	私たちは遠く離れてはおりますが，同じ月の光の下にあり，同じ祝日，中秋節を迎えています。月の光に私からの祝福を届けてもらいます。ご家族の皆さまが幸せに，楽しい毎日をお過ごしください。
祝节日快乐！愿你在这国庆中秋相逢的佳节里，合家团圆，万事如意，身体健康！	Zhù jiérì kuàilè! Yuàn nǐ zài zhè Guóqìng Zhōngqiū xiāngféng de jiājié lǐ, héjiā tuányuán, wànshì rúyì, shēntǐ jiànkāng!	おめでとうございます。国慶節と中秋節がいっしょになるこの佳節に，ご家族でお集まりになり，皆さまお元気で愉快にお過ごしになるよう祈ります。

17 —— "重阳节" Chóngyángjié（重陽）

旧暦の9月9日で，9が"阳"の数（奇数）ということで"重阳节"と言い，また"重九节" Chóngjiǔjié とも言われます。厄除けのための"登高" dēnggāo（小高い丘などに登ること）をしたり，"茱萸" zhūyú（呉茱萸）を身に着けます。"赏菊" shǎngjú「菊の花の観賞」をしたり，"九" jiǔ にちなんだ"菊花酒" júhuājiǔ（菊の花を入れた酒）を飲んだり，"高" gāo にちなんで"重阳糕" chóngyánggāo（重陽のもち）を食べたりする風習が古くからありました。中華民国以降，重陽節は影が薄くなっていましたが，近年"登高"の風習が次第に復活してきています。また，地域によっては，"重阳糕"も店頭に並べられるようになっています。1988年には，"九九"が同音の"久久" jiǔjiǔ（久しい）に通じることもあり，この日を中国の"老人节" Lǎorénjié（敬老の日）と定めました。この日を迎えると，「居民委員会」や「村委員会」は，子どものいない老人に，「重陽のもち」に加えて，食用油や米などの生活必需品を贈ります。個人の家庭でも，お年寄りに，「重陽のもち」や健康食品，栄養食品を贈って祝います。

▼メールでの祝福

赏菊饮酒，登高遥望，祝您健康长寿！	Shǎngjú yǐnjiǔ, dēnggāo yáowàng, zhù nín jiànkāng chángshòu!	重陽の節句には，菊をめでて酒を飲み，丘に登って遠くを眺めます。いつまでもお元気でお過ごしください。
重阳节到了！在这个丰收的季节里，祝愿你：	Chóngyángjié dào le! Zài zhège fēngshōu de jìjié lǐ, zhùyuàn	重陽の節句となりました。この実りの季節に当たり，お仕事にも収入

事业丰收，薪水丰收，爱情丰收，欢乐永相随！	nǐ: Shìyè fēngshōu, xīnshuǐ fēngshōu, àiqíng fēngshōu, huānlè yǒng xiāngsuí!	にも愛情にも恵まれ，喜びがいつまでも続くことを祈ります。
重阳节到了，秋高气爽，愿与你赏菊饮酒，登高遥望，祝你健康…	Chóngyángjié dào le, qiū gāo qì shuǎng, yuàn yǔ nǐ shǎngjú yǐnjiǔ, dēnggāo yáowàng, zhù nǐ jiànkāng …	重陽の節句となりました。さわやかな秋に，あなたとともに菊をめで酒を酌み交わし，丘に登って遠くを眺めたいものです。ご健康を祈ります…
祝福中秋国庆重阳节！	Zhùfú Zhōngqiū Guóqìng Chóngyángjié!	連続する中秋節，国慶節，重陽節の三つの祝日を祝いましょう。
祝您老重阳节快乐，健康长寿！	Zhù nín lǎo Chóngyángjié kuàilè, jiànkāng chángshòu!	重陽節に当り，ご健康とご長寿を祈ります。
重阳节，也是老人的节日，爸，妈，我在远方为你们祈祷，祝您们长命百岁，身体康健！	Chóngyángjié, yě shì lǎorén de jiérì, bà, mā, wǒ zài yuǎnfāng wèi nǐmen qídǎo, zhù nínmen chángmìng bǎi suì, shēntǐ kāngjiàn!	重陽節はお年寄りの祝日でもあります。お父さん，お母さん，遠くの地からお二人のご長寿とご健康を祈ります。

18 ── "教师节" Jiàoshījié（教師の日）

1985年に毎年9月10日を「教師の日」とすることが決定されました。文化大革命で地に落ちた教師の尊厳を取り戻すとともに，教育に力を入れることが目的でした。この日，生徒は1輪か2輪のバラ等の花，感謝のカード，手作りのプレゼントなどを手渡し教師に感謝の意を表します。中秋節の時期とも近いため，保護者によっては教師に対し，月餅とか100元か200元がチャージされた"交通卡" jiāotōngkǎ（正式名称は"一卡通" yīkǎtōng）と呼ばれるカードを贈ることもあります。バス，地下鉄，タクシー，フェリーなどに乗れます。学校ではすぐれた教師を選んで表彰するなどの活動もあります。なお，教師はこの日休みにはなりません。

▼口頭での感謝とそれに対する返事の例

学生：老师，您辛苦了！	xuésheng: Lǎoshī, nín xīnkǔ le!	生徒：先生，いつもご面倒をおかけします。
老师：不辛苦，是应该的。	lǎoshī: Bù xīnkǔ, shì yīnggāi de.	先生：いいえ，当然のことですから。
学生：老师，祝您节日快乐！	xuésheng: Lǎoshī, zhù nín jiérì kuàilè!	生徒：先生，おめでとうございます。
老师：谢谢！	lǎoshī: Xièxie!	先生：どうもありがとう。

▼メールでの祝福

老师，谢谢您！	Lǎoshī, xièxie nín!	先生，ありがとうございます。
祝您教师节快乐！	Zhù nín jiàoshījié kuàilè!	教師の日おめでとうございます。
当我有困难的时候，老师的话总是在我耳边回响起来，引领我走出困境，那时我总想说一声："感谢您，老师！"	Dāng wǒ yǒu kùnnan de shíhou, lǎoshī de huà zǒngshì zài wǒ ěrbiān huíxiǎng qǐlai, yǐnlǐng wǒ zǒuchū kùnjìng, nà shí wǒ zǒng xiǎng shuō yī shēng: "Gǎnxiè nín, lǎoshī!"	私が困った時にはいつも先生のことばが聞こえてきて，苦境から救ってくださるのです。そんな時はいつも「先生，ありがとう」と言いたくなるのです。
当我踏进校门的那一天，你给了我无尽的关怀，当我踏出校门的那一天，你已经付出了你的全部。老师你辛苦了！	Dāng wǒ tàjìn xiàomén de nà yī tiān, nǐ gěile wǒ wújìn de guānhuái, dāng wǒ tàchū xiàomén de nà yī tiān, nǐ yǐjing fùchūle nǐ de quánbù. Lǎoshī nǐ xīnkǔ le!	私が校門をくぐったその日から，どれほど心に掛けてくださったでしょう。そして校門を出る日までに先生はそのすべてを与えてくださいました。先生，本当にありがとうございました。
师恩重如山，学生不敢忘，借您的节日送上一份祝福，祝福您身体健康，万事如意，桃李满园！	Shī ēn zhòng rú shān, xuésheng bù gǎn wàng, jiè nín de jiérì sòngshang yī fēn zhùfú, zhùfú nín shēntǐ jiànkāng, wànshì rúyì, táolǐ mǎn yuán!	先生のご恩は山のように重く，私は忘れることはできません。「教師の日」に当ってごあいさつを送らせていただきます。ご健康とお幸せを，そしてすぐれた子どもたちを育ててください。
教师节到来之际，祝我亲爱的老师，身体健康！永远快乐！	Jiàoshījié dàolái zhī jì, zhù wǒ qīn'ài de lǎoshī, shēntǐ jiànkāng! Yǒngyuǎn kuàilè!	「教師の日」に際し，私の大好きな先生が，お元気でいつまでもお幸せであるよう祈ります。

19——"国庆节" Guóqìngjié （建国記念日；国慶節）

10月1日は中華人民共和国建国（1949年）の日で，各地でさまざまな記念行事が催されます。一般の人々は，この日から3連休となります。「春節（旧正月）」と並ぶ最長の休暇の一つで，前後の土日を調整して7連休の「ゴールデンウィーク」ともなります。中秋節にも時期的に近く（例えば2007年の中秋節は9月25日で，国慶節とは5日間しか離れていない。因みに2008年の中秋節は9月14日，2009年は10月3日，2010年は9月22日。），しばしば国慶節は中秋節の延長線上にあるとも考えられます。指導者の演説，新聞，街中などに慶祝のことばを数多く耳にしたり目にしたりしますが，個人的にお祝いのことばが交わされることはメールでのものを除けばほとんどないようです。

▼メールでのあいさつ

祝国庆节快乐！	Zhù Guóqìngjié kuàilè!	国慶節おめでとう。
没有国，哪有家；没有家，哪有你我？国庆来临，让我们共祝愿国圆家圆，家和万事兴！	Méi yǒu guó, nǎ yǒu jiā; méi yǒu jiā, nǎ yǒu nǐ wǒ? Guóqìng láilín, ràng wǒmen gòng zhùyuàn guó yuán jiā yuán, jiā hé wànshì xīng!	国がなくてどうして家がありましょう。家がなくてどうして私たちがありましょう。国慶節を迎えて，国と家族の安泰それに繁栄を共に願いましょう。
国庆中秋双双庆，在这个特别，美好，难忘的日子里，让我们所有的华夏子孙共祝愿祖国盛！家团圆！人幸福！	Guóqìng Zhōngqiū shuāngshuāng qìng, zài zhège tèbié, měihǎo, nánwàng de rìzi li, ràng wǒmen suǒyǒu de Huáxià zǐsūn gòng zhùyuàn zǔguó shèng! Jiā tuányuán! Rén xìngfú!	国慶節と中秋節を合わせて祝うこの特別ですばらしい，忘れがたい日々に，私たちすべての中華の末裔たちで，祖国の繁栄，家族の団欒，人々の幸せを共に祈りましょう。
有国才有家，有家才有你，有你才有我，祝我亲爱的爸妈国庆快乐！身体健康！	Yǒu guó cái yǒu jiā, yǒu jiā cái yǒu nǐ, yǒu nǐ cái yǒu wǒ, zhù wǒ qīn'ài de bà mā guóqìng kuàilè! Shēntǐ jiànkāng!	国があってこそ家があります。家があってこそお父さんお母さんがあります。お父さんお母さんがあってこそ私があります。お父さんお母さん国慶節おめでとう。お元気で。
刚刚送走了美丽的嫦娥，又迎来了祖国的华诞。借此机会我呈上对你衷心的祝福：祝你一切顺利，万事如意！	Gānggāng sòngzǒule měilì de Cháng'é, yòu yínglaile zǔguó de huádàn. Jiè cǐ jīhuì wǒ chéngshàng duì nǐ zhōngxīn de zhùfú: Zhù nǐ yíqiè shùnlì, wànshì rúyì!	美しい嫦娥（中秋節）を終えたばかりで，今度は祖国の誕生日を迎えました。この機会を借りて心よりあなたへの祝福の気持ちを送ります。ご活躍とお幸せを祈ります。

20 ── "圣诞节" Shèngdànjié （クリスマス）

改革開放以前は，教会内部での宗教的な祭日でした。改革開放とともに，教会の壁を越え，とりわけ若者の間で人気が高まりました。新年を迎える前哨戦ともなっていますが，まだ馴染めない人も多いようです。お祝いのことばは英語「メリー・クリスマス」からの翻訳で，顔をあわせて交わすあいさつとクリスマスカードなどで用いるあいさつに違いはありません。「メリー・クリスマス」には，以下のような表現があります。

祝圣诞节快乐！	Zhù Shèngdànjié kuàilè!
祝圣诞节愉快！	Zhù Shèngdànjié yúkuài!
恭贺圣诞！	Gōnghè Shèngdàn!

| 圣诞吉祥！ | Shèngdàn jíxiáng! | |

▼メールでの祝福

当雪花飘落，寒风吹起，才发觉，浪漫的圣诞已经飘然而至，这一刻什么都可以忘记，唯独不能忘记的是向好朋友你说声天冷了，注意身体，圣诞快乐！	Dāng xuěhuā piāoluò, hánfēng chuīqǐ, cái fājué, làngmàn de Shèngdàn yǐjīng piāorán ér zhì, zhè yíkè shénme dōu kěyǐ wàngjì, wéidú bù néng wàngjì de shì xiàng hǎo péngyou nǐ shuō shēng tiān lěng le, zhùyì shēntǐ, Shèngdàn kuàilè!	雪が舞い北風が吹くと，もうあのクリスマスなのですね。この瞬間はすべてを忘れられます。仲のよいあなたに「寒くなったから体に気をつけて，クリスマスおめでとう！」と言うのは忘れないけれど。
圣诞佳节恭喜你，发个短信祝福你，成功的事业属于你，开心的笑容常伴你，健康长寿想着你，最后还要通知你，财神爷也要拜访你哦！	Shèngdàn jiājié gōngxǐ nǐ, fā ge duǎnxìn zhùfú nǐ, chénggōng de shìyè shǔyú nǐ, kāixīn de xiàoróng cháng bàn nǐ, jiànkāng chángshòu xiǎngzhe nǐ, zuìhòu hái yào tōngzhī nǐ, cáishényé yě yào bàifǎng nǐ o!	クリスマスおめでとう。携帯メールで祝福のことばを送ります。お仕事が順調で，いつも愉快で，いつまでもお元気で，そして最後に福の神があなたを訪れますように。
恭贺圣诞快乐，在新的一年里有甜有蜜，有富有贵，有滋有味，有安有康！	Gōnghè shèngdàn kuàilè, zài xīn de yī nián lǐ yǒu tián yǒu mì, yǒu fù yǒu guì, yǒu zī yǒu wèi, yǒu ān yǒu kāng!	クリスマスおめでとう。新しい年も幸せに，豊かに，楽しく，そしてお元気で。

III
慶弔のことば

孫　玄齢／小林二男

　結婚と葬式は人生の大事件です。その礼儀は民族の文化習俗の表現形式でもあります。中国は古代より結婚・葬式に対してかなり厳しい決まりがありましたが，近代以降，特に西洋文化の影響で，その他の文化形式と同様，結婚・葬式のしきたりも大きな変化が起こりました。また，民主革命と社会主義革命による中国社会の激変が，旧いスタイルにいっそう大きな影響を与えました。比較的長期にわたって，新式，旧式，中国式，西洋式など各方面からの影響が混ざりあいながら，次第に現在の形になってきました。

　本文は，中国古代の結婚・葬式の儀礼を特に紹介するためのものではなく，また中国現代の結婚・葬式の儀礼を分析するためのものでもありません。趣旨は，現在の結婚・葬式の際に実際によく使われている文章や言い方を紹介することにあります。もし中国において，あるいは中国人と接するなかで，結婚・葬式の場に出くわすことになっても，戸惑うことなく，どう対応すればよいか，おおよその見当がつけられるように，というのがここで目指すところです。

　日本では，礼儀上の文章の書き方については場合別にさまざまな決まったスタイルがあり，とても便利ですが，中国では一定のスタイルはあるものの，形式的スタイルより内容のほうが重視されます。この点，両国は少し違っています。例文を通して，こうした違いを感じていただくこと，これもここで目指すところです。

- 64　Ⅰ：慶事のことば
- 64　1―中国の伝統的結婚儀礼について
- 65　2―現代の恋文と短い愛情表現のことば
- 67　3―現代の結婚礼儀における各種の祝辞
- 81　4―常用の祝いことば及び祝いの対聯

- 84　Ⅱ：弔いのことば
- 84　1―中国の伝統的葬儀儀礼について
- 85　2―現代の葬儀儀礼の過程及び用いられる文例

I 慶事のことば

1──中国の伝統的結婚儀礼について

　　　　　　　　中国では古くから民族色豊かなやり方で結婚が執り行われてきました。古いしきたりでは，嫁入り・嫁取りの方式および婚姻儀礼などが重要な位置を占めていました。『礼記』に，嫁取り・嫁入りの儀礼の6つの手順，即ち"纳采、问名、纳吉、纳征、请期、亲迎"の六礼（りくれい）が記載されています。

　"纳采" nàcǎi（納采のうさい）は，男性側が仲人を通して女性側に縁談を持ちかけ，一般に象徴的な贈り物として一羽の雁（かり）を贈ることです。古人は，雁は情が一途であるので末永い婚姻を象徴していると考えたのでしょう。雁は太陽（男）に随って移動する渡り鳥ですから，雁を贈るということは妻がどこまでも夫の後に随うという意味ももたせています。

　"问名" wènmíng（問名もんめい）は，仲人が新婦となる娘の姓名と生年月日を問い，その結果を男性側に伝えることです。

　"纳吉" nàjí（納吉のうきつ）は，男性側が女性の良否を宗廟で占い，祖先に結婚の前途について指示を仰ぎ，占いの結果が（凶と出れば，取りやめとし），吉であれば，再び仲人に頼んで雁を持参して女性側に知らせ，丁重に縁談を申し込むことです。

　"纳征" nàzhēng（納徴のうちょう）は，"纳币" nàbì とも言い，縁談を決めることで，この時は大量の結納の贈り物を贈ります。

　"请期" qǐngqī（請期せいき）は，男性側が結婚の期日を選び，仲人に女性側に伝えてもらい，女性側の意見を求めることです。

　"亲迎" qīnyíng（親迎しんげい）は，婚礼の日，新郎が花嫁の家に行き，花嫁を家に迎えることです。

　地方によっては今もこうした古いしきたりが残っていますが，手順が煩雑なため，実際には唐宋の時代から簡素化が始まり，明代には大体三礼，即ち"纳采" nàcǎi, "纳币" nàbì（"纳征" nàzhēng），"亲迎" qīnyíng だけとなりました。近代以降，各地の婚礼のやり方は基本的にはこの三礼を基礎にしており，呼び方に違いはありますが，いずれにしても"提亲" tíqīn（縁談を申し込む），"订婚" dìnghūn（婚約する），"迎娶" yíngqǔ（嫁を迎える）の三つの段階があります。民間で言われる，「結婚は"父母之命，媒妁之言" fùmǔ zhī mìng, méishuò zhī yán（父母の言いつけと仲人の取り持ち）に随わなければならない」ということばは，古代の結婚儀礼の影響を受けているのです。

2──現代の恋文と短い愛情表現のことば

現代社会の自由恋愛は婚姻儀礼に変化をもたらしています。この変化はおもに婚前の男女交際と結婚の儀式に現れています。

婚前の交際においては，互いに理解し合うことが最も大切なことです。感情を表現する書きことばはおもにラブレターという形になります。ラブレターは愛慕の気持ちを伝えることを主眼としますが，書き方はいろいろで，手本にできる著名人のものも少なくありません。なかでも中国の作家の魯迅，老舎，徐志摩などのものがラブレターのお手本として知られています。以下に，現在の普通の青年のラブレターを例として，中国語のラブレターの様式を説明しましょう。

▼ラブレター例文

××

我心中的女神：
　你好吗？
　首先，我要感谢命运，是命运让我遇上了你。
　从我第一眼见到你时，你那一丝淡淡的微笑就深深地吸引住了我。从此，每次遇到你，我的心就会怦怦地直跳，不敢面对你，只是深深地目送你的身影，直到消失。随着时间的流逝，很快我就将毕业，要和你分别。我知道，要是我再不向你表白的话，就再没机会了。那样的话，我想我会后悔一辈子的。我这样向你说出我对你的感情，你能接受我吗？我的世界会因为有你而精彩，你愿意和我分享吗？
　当然，我知道，你可以不喜欢我，但是无论如何，我都会尽最大的努力去争取的。
　　　　　一个爱慕着你的男孩

××

Wǒ xīnzhōng de nǚshén:
　Nǐ hǎo ma?
　Shǒuxiān, wǒ yào gǎnxiè mìngyùn, shì mìngyùn ràng wǒ yùshangle nǐ.
　Cóng wǒ dìyī yǎn jiāndào nǐ shí, nǐ nà yìsī dàndàn de wēixiào jiù shēnshēn de xīyǐnzhùle wǒ. Cóngcǐ, měicì yùdào nǐ, wǒ de xīn jiù huì pēngpēng de zhí tiào, bù gǎn miànduì nǐ, zhǐshì shēnshēn de mùsòng nǐ de shēnyǐng, zhídào xiāoshī. Suízhe shíjiān de liúshì, hěn kuài wǒ jiù jiāng bìyè, yào hé nǐ fēnbié. Wǒ zhīdao, yàoshi wǒ zài bú xiàng nǐ biǎobái de huà, jiù zài méi jīhuì le. Nàyàng de huà, wǒ xiǎng wǒ huì hòuhuǐ yíbèizi de. Wǒ zhèyàng xiàng nǐ shuōchū wǒ duì nǐ de gǎnqíng, nǐ néng jiēshòu wǒ ma? Wǒ de shìjiè huì yīnwèi yǒu nǐ ér jīngcǎi, nǐ yuànyi hé wǒ fēnxiǎng ma?
　Dāngrán, wǒ zhīdao, nǐ kěyǐ bù xǐhuan wǒ, dànshì wúlùn rúhé, wǒ dōu huì jìn zuìdà de nǔlì qù zhēngqǔ de.
　　　　　Yī ge àimùzhe nǐ de nánhái

××

私の心の女神さま：
　お元気ですか？
　はじめに，僕は運命に感謝しなければなりません。運命があなたにめぐり合わせてくれたのです。
　あなたをはじめて見たとき，あなたの微かな微笑みが私を深く惹きつけました。それから，あなたにお会いするたびに，胸がどきどきしてしまい，面と向かい合えず，ただあなたの姿が消えるまで，じっと目で追うだけでした。時は流れる如く過ぎ去り，僕はもうすぐ卒業し，あなたとお別れです。もしこれ以上あなたに打ち明けないでいたら，もう機会がなくなってしまいます。そうなれば，僕は一生後悔するでしょう。あなたに対する感情をこのようにことばにだしましたが，受け入れていただけますか？　僕の世界はあなたがいることで輝くでしょう。それを僕と共に分かち合っていただけないでしょうか？
　もちろん，あなたが僕を好きでなくても仕方がありません。しかしなにがなんでも，僕は最大の努力を尽くして頑張ります。
　　　　　あなたを恋い慕う僕より

中国語──暮らしのことば ⓺⑤

最近，携帯電話が普及するにつれて，新しい形の愛のメッセージが若者の間で大流行しています。インターネットにも愛のメッセージを紹介する"专页" zhuānyè ができています。携帯電話は画面が小さく，大量の文字は適しません。そこで愛のメッセージのことばは簡潔で，主題は明確，表現も直接的です。

▼愛のメッセージ

我爱你！如果有一天，我化作一堆黄土，这黄土上长出的春草也是为你而绿，这黄土上开出的花朵也是为你而艳。	Wǒ ài nǐ! Rúguǒ yǒu yìtiān, wǒ huàzuò yī duī huángtǔ, zhè huángtǔ shang zhǎngchū de chūncǎo yě shì wèi nǐ ér lǜ, zhè huángtǔ shang kāichū de huāduǒ yě shì wèi nǐ ér yàn.	愛しています！いつの日か僕が土に帰ったら，その土に生える春の草もあなたのために青く，咲く花もあなたのために色鮮やかになるでしょう。
不要用温柔的呼唤使我着迷，不要用婷婷的倩影使我心动，不要用含情的目光使我受尽苦刑。	Búyào yòng wēnróu de hūhuàn shǐ wǒ zháomí, búyào yòng tíngtíng de qiànyǐng shǐ wǒ xīndòng, búyào yòng hánqíng de mùguāng shǐ wǒ shòujìn kǔxíng.	優しい呼びかけで僕をとりこにしないで。美しい姿で僕の心を揺さぶらないで。思いをこめた眼差しで僕に辛い刑を受けさせないで。
让风悄悄告诉你，我喜欢你，真的好喜欢……。这是我心里的小秘密。	Ràng fēng qiāoqiāo gàosu nǐ, wǒ xǐhuan nǐ, zhēnde hǎo xǐhuan ……. Zhè shì wǒ xīnli de xiǎo mìmì.	風にこっそり告げさせよう，僕は君が好きだ，本当にすごく好き……。これは僕の心の小さな秘密。
我告诉你：第一是我爱你，第二还是我爱你，第三仍是我爱你……我爱你……！	Wǒ gàosu nǐ: dìyī shì wǒ ài nǐ, dì'èr hái shì wǒ ài nǐ, dìsān réng shì wǒ ài nǐ …… wǒ ài nǐ ……!	君に告げる，第一に僕は君を愛してる，第二にも僕は君を愛してる，第三もやっぱり僕は君を愛してる…僕は君を愛してる……！
我只知爱你！我全身的血液已统统变作了我的爱，我的情！	Wǒ zhǐ zhī ài nǐ! Wǒ quánshēn de xuèyè yǐ tǒngtǒng biànzuòle wǒ de ài, wǒ de qíng!	僕は君を愛することしか知らない！僕の全身の血はもうすっかり僕の愛，僕の情に変わってる！
我感到世界上的一切，全部属于我了，因为你爱上了我。	Wǒ gǎndào shìjiè shang de yíqiè, quánbù shǔyú wǒ le, yīnwèi nǐ àishàngle wǒ.	僕は世界のすべてが全部僕のものになったと感ずる，なぜなら君が僕を好きになってくれたから。
谁说现在是冬天呢？当你在我身旁时，我感到百花齐放，百鸟齐鸣。	Shéi shuō xiànzài shì dōngtiān ne? Dāng nǐ zài wǒ shēnpáng shí, wǒ gǎndào bǎi huā qí fàng, bǎi niǎo qí míng.	誰が今は冬だというのだろう？君が僕のそばにいると，僕は花が一斉に咲き鳥が一斉に歌っている（春のようだ）と感じる。

最难忘的是你的微笑，当它绽开在你的脸上时，我仿佛感到拂过一阵春风，暖融融的，把我的心都溶化了。	Zuì nánwàng de shì nǐ de wēixiào, dāng tā zhǎnkāizài nǐ de liǎnshang shí, wǒ fǎngfú gǎndào fúguò yí zhèn chūnfēng, nuǎnróngróngde, bǎ wǒ de xīn dōu rónghuà le.	最も忘れがたいのは君の微笑み，それが君の顔にほころぶと，僕はまるで春風が頬をかすめ，ぽかぽかと暖かく，僕の心を溶かしてしまうように感じる。
你像那天边的云，飘泊不定，叫人难以追寻；你像那水中的萍，流移四方，叫我难以琢磨。你能告诉我吗？怎样才能追上你的身影，怎样才能与你相伴不离？	Nǐ xiàng nà tiānbiān de yún, piāobó bú dìng, jiào rén nányǐ zhuīxún; nǐ xiàng nà shuǐzhōng de píng, liúyí sìfāng, jiào wǒ nányǐ zhuómó. Nǐ néng gàosu wǒ ma? Zěnyàng cái néng zhuīshàng nǐ de shēnyǐng, zěnyàng cái néng yǔ nǐ xiāngbàn bù lí?	君はあの空の雲のように，ふわふわと漂い，後を追いかけるのが難しい；君はあの水の中の浮き草のように，東西南北あちこちに流れ，どこにいるのか分からない。私に教えてくれないか？どうしたら君の姿に追いつけるのか，どうしたら君と連れ添い離れなくてすむのかを。
世界上只有一个名字，使我这样牵肠挂肚，像有一根看不见的线，一头牢牢系在我心尖上，一头攥在你手中。	Shìjiè shang zhǐ yǒu yī ge míngzi, shǐ wǒ zhèyàng qiān cháng guà dù, xiàng yǒu yī gēn kànbujiàn de xiàn, yìtóu láoláo jìzài wǒ xīnjiān shang, yìtóu zuànzài nǐ shǒuzhōng.	世界中でただ一つの名前が私をこんなに落ち着かせなくする，目に見えない糸が，片方は僕の心にしっかり結ばれ，片方は君の手に握られているようだ。
这么多年来，我一直在寻找理想的爱情，但没有一个人能像你那样在最初的时刻打动了我，而且越来越深沉地打动。	Zhème duō nián lái, wǒ yìzhí zài xúnzhǎo lǐxiǎng de àiqíng, dàn méi yǒu yī ge rén néng xiàng nǐ nàyàng zài zuìchū de shíkè dǎdòngle wǒ, érqiě yuè lái yuè shēnchén de dǎdòng.	こんなに何年も間，僕はずっと理想的な愛情を捜し求めてきたが，君のように最初の瞬間僕の心を打ち，そしてますます深く打つ人は誰もいなかった。

　以上のことばは短いメッセージの中にあって，比較的伝統的でまじめなものです。短いメッセージの使用者は多くは若者であり，でたらめな流行語や低俗なことばと内容もよく見られます。

3──現代の結婚礼儀における各種の祝辞
(1) "结婚请帖" jiéhūn qǐngtiě（結婚招待状）

　　　"结婚请帖" jiéhūn qǐngtiě は，"婚柬" hūnjiǎn，"婚帖" hūntiě とも言い，親戚・友人を結婚式・結婚披露宴に招待するための招待状で，友人には，結婚する本人たちが出し，その他の親戚・友人には多くは新郎新婦の家長が出します。

　　　招待状の内容は標題，本文，結び及び落款，時間等の部分からなります。招待状の表に書かれた"请柬"（あるいは"请帖"）の2字が標題です。

招待状の表書きは一般にきらびやかで，図案文字を用いたり，文字は金箔にしたり，装飾文様を施したりします。現在，一般的な招待状は書信形式で印刷されており，発信人は署名するだけです。表にも"请柬"あるいは"请帖"と印刷されています。

招待状の文言は比較的凝っていて，文言的色彩が濃いものです。一般に招待する側と招待される側の関係によっても異なる表現が用いられます。

▼新郎新婦から出される招待状の例

××先生：
　兹定于××××年×月×日上午×时，在本市××路××大酒店二楼举行婚礼。
　恭请届时光临。
　　　新郎：×××
　　　新娘：×××
　　　　　　敬邀
　××××年×月×日

××xiānsheng:
　Zī dìng yú ×××× nián × yuè ×rì shàngwǔ ×shí, zài běnshì ××lù ×× Dàjiǔdiàn èr lóu jǔxíng hūnlǐ.
　Gōng qing jièshí guānglín.
　　　xīnláng: ×××
　　　xīnniáng: ×××
　　　　　　jìngyāo
　×××× nián × yuè × rì

××様：
　兹に○○○○年○月○日午前○時，市内○○路○○ホテル2階にて結婚式を執り行うことになりました。
　謹んで当日のご来臨をお待ちいたします。
　　　新郎：○○○
　　　新婦：○○
　謹んでご招待いたします
　　　○○○○年○月○日

▼父母から出す招待状

××先生：
　小儿王××与张××女士结婚，荷蒙厚仪。
　谨订于×月×日下午六时喜酌候教。席设聚宝饭店。
　恭请光临。
　　　王××暨××鞠躬
　××××年×月×日

××xiānsheng:
　Xiǎo'ér Wáng ×× yǔ Zhāng ×× nǚshì jiéhūn, hèméng hòuyí.
　Jǐn dìng yú × yuè × rì xiàwǔ 6 shí xǐzhuó hòujiào. Xí shè Jùbǎo Fàndiàn.
　Gōngqing guānglín.
　　　Wáng ×× jì ×× jūgōng
　×××× nián × yuè × rì

○○様：
　息子王○○と○○さんの結婚につき，ご祝儀を賜りありがとうございました。
　○月○日午後6時，婚礼の宴を開きますのでお越しをお待ち申し上げます。宴席の場所は聚宝ホテルでございます。
　謹んでご光臨をお待ちいたします。
　　　王○○　○○　鞠躬
　　　○○○○年○月○日

中国では，お祝いは日本とちがい，先に贈ります。招待状は祝儀を送ってくれた招待客に出すものです。また一般の手紙のような結婚招待状もあります。これは比較的親しい人に送られます。

▼親しい人への招待状

凌云兄：
　谨订于6月8日幼男志

Líng Yún xiōng:
　Jǐn dìng yú 6 yuè 8 rì yòunán

凌雲兄：
　6月8日末の息子志剛が静嫻さん

剛与静娴小姐举行结婚典礼，晚六时假座晋阳酒家，敬备喜酌，恭候台光。恕不介催。

鏡海 敬上
四月八日

Zhìgāng yǔ Jìngxián xiǎojie jǔxíng jiéhūn diǎnlǐ, wǎn 6 shí jiǎzuò Jìnyáng Jiǔjiā, jìngbèi xǐzhuó, gōnghòu táiguāng. Shù bù jiè cuī.

Jìng Hǎi jìngshàng
4 yuè 8 rì

と結婚式を執り行うこととなりました。夕6時晋陽酒家を借り，結婚の宴を用意いたしましたので謹んでご光臨をお待ち申し上げます。改めてお願いにあがりませんが，ご容赦ください。

鏡海　啓上
4月8日

招待状は一般に事前に書き上げ，招待客が日程を調整しやすいよう早めに発送します。現在メール形式の結婚招待状が，特に若者の間で利用されるようになっているので紹介しておきます。

▼友人宛のメール招待状の例

12月29日（周五）17：58，××和××在市区××大酒店2楼大厅举行婚礼，请您准时光临。	12 yuè 29 rì (zhōu5) 17 diǎn 58 fēn, ×× hé ×× zài shìqū ×× Dàjiǔdiàn èr lóu dàtīng jǔxíng hūnlǐ, qǐng nín zhǔnshí guānglín.	12月29日（金）17：58，○○と○○は市内○○ホテル2階ホールで結婚式を挙げます。時間通りにご出席願います。
你好，我是××，我12月24日晚在绍兴×大酒店举行婚礼，请你出席。	Nǐ hǎo, wǒ shì ××, wǒ 12 yuè 24 rì wǎn zài Shàoxīng × Dàjiǔdiàn jǔxíng hūnlǐ, qǐng nǐ chūxí.	こんにちは，○○です。私は12月24日夜紹興○ホテルで結婚式を挙げます。どうぞ出席ください。

メール招待状については，やり方が簡単すぎ，親戚友人に「誠意が足りない」という思いをさせるかもしれません。年齢が比較的上の親戚・友人，年長者あるいは勤め先の上司を招待するには，メールという形は適当ではない，と見る向きもあります。しかし若者にとっては，「メール招待状を送るというやり方は，招待状を送る煩わしさがなく，すぐに届き，手間もエネルギーも省け，さらに費用も節約できる」方式なのです。メール招待状を使用する人の数は増加する傾向にあります。

(2) "婚礼上的各种致辞" hūnlǐ shang de gèzhǒng zhìcí（結婚式でのあいさつ各種）

中国人の結婚式では，厳粛さよりもめでたく賑やかな雰囲気が重視されます。そこで，結婚式の祝辞には，祝賀と喜びの内容がちりばめられます。

中国の現代の結婚式のスタイルはおそらく西洋から来ているのでしょう。教会ではめったに行わないという点を除けば，各国で行われているスタイルと基本的に同じです。ただ，あいさつの内容と表現は少し異なっています。以下，主に中国の結婚式でのあいさつとその表現の方式を紹介します。

中国語——暮らしのことば **69**

(a) "主持人致辞" zhǔchírén zhìcí（司会者のあいさつ）

司会者は儀式の進行係です。司会者のあいさつで結婚式が始まります。司会者はあいさつで，主に花婿花嫁を紹介し，来賓に感謝し，結婚式のめでたい雰囲気を盛り上げます。以下は一般によく見る司会者の結婚式の始まりを告げるあいさつの例です。

▼司会者のあいさつ

尊敬的各位来宾，各位领导，女士们，先生们：

大家好！

在这美好的日子里，我们迎来×××先生和×××小姐的幸福结合。首先，请允许我代表二位新人以及他们的家人对各位来宾的光临，表示衷心的感谢和热烈的欢迎！

现在我宣布：

新婚庆典仪式现在开始！

请各位来宾掌声响起，热烈欢迎新人登场。

接下来，请允许我向各位来宾介绍一下今天的二位新人。

站在旁边的这位就是今天的新娘×××小姐；站在新娘旁边的这位小伙就是今天的新郎×××先生。这真是才子配佳人，美女配俊男，花好月圆，地久天长！

接下来有请我们的二位新人行新婚大礼。

一拜天地，一鞠躬，感谢天；二鞠躬，感谢地；三鞠躬，感谢天为媒地为妁，比翼齐飞，喜结连理！

二拜高堂，感谢父母的生养之恩。一鞠躬，感谢养育之恩，再鞠躬，感谢抚养成人！

三鞠躬，永远孝敬老人！

夫妻对拜，一鞠躬，互敬互爱，再鞠躬，白头偕老，三鞠躬，永结同心！

下面，请新郎新娘共喝交杯酒。让我们再次祝愿他们的生活像蜜糖般甜蜜；爱情像钻石般永恒；事业像黄金般灿烂。愿他们的人生之路永远洒满爱的阳光。

最后，也祝愿我们在场的所有来宾，万事如意！

Zūnjìng de gèwèi láibīn, gèwèi lǐngdǎo, nǚshìmen, xiānshengmen:

Dàjiā hǎo!

Zài zhè měihǎo de rìzi li, wǒmen yínglái ××× xiānsheng hé ××× xiǎojie de xìngfú jiéhé. Shǒuxiān, qǐng yǔnxǔ wǒ dàibiǎo èr wèi xīnrén yǐjí tāmen de jiārén duì gèwèi láibīn de guānglín, biǎoshì zhōngxīn de gǎnxiè hé rèliè de huānyíng!

Xiànzài wǒ xuānbù:

Xīnhūn qìngdiǎn yíshì xiànzài kāishǐ!

Qǐng gèwèi láibīn zhǎngshēng xiǎngqǐ, rèliè huānyíng xīnrén dēngchǎng.

Jiēxialai, qǐng yǔnxǔ wǒ xiàng gèwèi láibīn jièshào yíxià jīntiān de èr wèi xīnrén.

Zhànzài pángbiān de zhè wèi jiù shì jīntiān de xīnniáng ××× xiǎojie; zhànzài xīnniáng pángbiān de zhè wèi xiǎohuǒ jiù shì jīntiān de xīnláng ××× xiānsheng. Zhè zhēn shì cáizǐ pèi jiārén, měinǚ pèi jùnnán, huā hǎo yuè yuán, dì jiǔ tiān cháng!

Jiēxialai yǒuqǐng wǒmen de èr wèi xīnrén xíng xīnhūn dàlǐ.

Yī bài tiāndì, yī jūgōng, gǎnxiè tiān; èr jūgōng, gǎnxiè dì; sān jūgōng, gǎnxiè tiān wéi méi dì wéi shuò, bǐ yì qí fēi, xǐ jié liánlǐ!

Èr bài gāotáng, gǎnxiè fùmǔ de shēngyǎng zhī ēn. Yī jūgōng, gǎnxiè yǎngyù zhī ēn, zài jūgōng, gǎnxiè fǔyǎng chéngrén!

Sān jūgōng, yǒngyuǎn xiàojìng lǎorén!

Fūqī duì bài, yī jūgōng, hùjìng hù'ài, zài jūgōng, báitóu xiélǎo, sān jūgōng, yǒng jié tóngxīn!

Xiàmian, qǐng xīnláng xīnniáng gòng hē jiāobēijiǔ. Ràng wǒmen zàicì zhùyuàn tāmen de shēnghuó xiàng mìtáng bān tiánmì; àiqíng xiàng zuànshí bān yǒnghéng; shìyè xiàng huángjīn bān cànlàn. Yuàn tāmen de rénshēng zhī lù yǒngyuǎn sǎmǎn ài de yángguāng.

Zuìhòu, yě zhùyuàn wǒmen zàichǎng de suǒyǒu láibīn, wànshì rúyì!

尊敬するご来賓の皆様，上司の皆様，紳士淑女の皆様，こんにちは。

この良き日に，私たちは○○さんと○○さんの幸せなご結婚を迎えました。まず新郎新婦お二人及びご家族の皆さんに成り代わりまして来賓の皆様のご光臨に心からの感謝と熱烈な歓迎の意を表します。

今ここに，結婚式の開会を宣します。

来賓の皆様，拍手をお願いいたします。新郎新婦をお迎えいたします。

続きまして私から皆様に本日の新郎新婦お二人の紹介をさせていただきます。

こちらにいらっしゃる方が本日の花嫁○○さんです。花嫁のそばにお立ちの方が本日の花婿○○さんです。まさに才子と佳人，美男美女，花は好し月はまどか，愛情は常しえに変わらぬというものです。

続きまして我らが新郎新婦に新婚の儀式をとり行っていただきます。

まずは天地を拝してはじめのお辞儀，天に感謝；2度目のお辞儀，地に感謝；3度目のお辞儀，天が媒となり地が妁となってくれたことに感謝！ 翼を並べて共に飛び，連理の契り！

次にご両親を拝してご父母の生み育ての恩に感謝；はじめのお辞儀，育ててもらった恩に感謝，2度目のお辞儀，成人するまで育ててもらったことに感謝！

3度目のお辞儀，末永くご両親に孝行！

夫婦向かい合って拝礼，はじめのお辞儀，互いに尊敬，2度めのお辞儀，共に白髪の生えるまで，3度目のお辞儀，いつまでも心を一つに！

次は，新郎新婦ご一緒に夫婦固めの杯を行っていただきます。もう1度お二人の生活が蜜のように甘いことを，ダイヤモンドのように永久不変であることを，お仕事が黄金のように輝かしくあらんことをお祈りしましょう。お二人の人生の道にいつまでも愛の陽光が降り注がれますよう。

最後に，ご臨席の来賓の皆様が万事思い通りになりますようお祈りいたします！

あいさつの中には，"拜天地，拜父母，夫妻对拜以及喝交杯酒"などといった旧い習俗が残っています。

(b) "证婚人致辞" zhènghūnrén zhìcí（結婚立会人のあいさつ）

現在は婚姻届をし，結婚証明書をもらえば，婚姻は法的根拠ができたということになっています。ですから結婚式で立会人がいるかいないかは重要ではなくなっています。しかし，結婚式を厳粛なものにするために，立会人の役割とあいさつが残っています。結婚立会人のあいさつは普通次のようなものです。

▼結婚立会人のあいさつ

各位来宾，各位女士，各位先生：
　　今天，我受新郎新娘的重托，在这神圣而又庄严的婚礼仪式上，能为这对新人

Gèwèi láibīn, gèwèi nǚshì, gèwèi xiānsheng:
　　Jīntiān, wǒ shòu xīnláng xīnniáng de zhòngtuō, zài zhè shénshèng ér yòu zhuāngyán de hūnlǐ yíshì shang,

作证婚而感到无上荣光。

　　各位来宾，新郎不仅外表英俊潇洒，而且心地善良。工作上认真负责，成绩突出，是一位才华出众的好青年。

　　新娘温柔体贴，勤奋好学，而且心灵手巧，是一位可爱的好姑娘。

　　此时他们结为恩爱夫妻，从今以后，无论贫富，疾病，生死存亡，都要忠贞不渝地爱护对方，在人生的旅程中永远心心相印。最后，祝你们俩永远相爱，幸福美满。

　　谢谢大家！

néng wèi zhě duì xīnrén zuò zhènghūn ér gǎndào wúshàng róngguāng.

　　Gèwèi láibīn, xīnláng bùjǐn wàibiǎo yīngjùn xiāosǎ, érqiě xīndì shànliáng. Gōngzuò shang rènzhēn fùzé, chéngjì tūchū, shì yī wèi cáihuá chūzhòng de hǎo qīngnián.

　　Xīnniáng wēnróu tǐtiē, qínfèn hàoxué, érqiě xīn líng shǒu qiǎo, shì yī wèi kě'ài de hǎo gūniang.

　　Cǐshí tāmen jiéwéi ēn'ài fūqī, cóngjīn yǐhòu, wúlùn pínfù, jíbìng, shēng sǐ cún wáng, dōu yào zhōngzhēn-búyú de àihù duìfāng, zài rénshēng de lǚchéng zhōng yǒngyuǎn xīn xīn xiāng yìn. Zuìhòu, zhù nǐmen liǎ yǒngyuǎn xiāng'ài, xìngfú měimǎn.

　　Xièxie dàjiā!

ご来賓の皆様，紳士淑女の皆様：

　　本日，私は新郎新婦のご依頼により，この神聖で厳かな結婚式において，この新郎新婦のために結婚の立会いをすることができ非常に光栄に存じております。

　　来賓の皆様，新郎は外見がりりしくスマートであるだけでなく，気立てがよく，仕事はまじめで責任感が強く，成績が突出しており，本当に才能が群を抜いているすばらしい青年です。

　　新婦は優しく思いやりがあり，勤勉で勉強好きで，また頭がよく手も器用で，本当にかわいい娘さんです。

　　今，お二人は仲睦まじい夫婦となり，今から後，貧富，疾病，生死存亡にかかわらず，忠節を守って背くことなく相手を思いやり，人生の旅路においていつまでも心と心を通わせ合います。最後にお二人が末永く愛し合い，幸せで円満であることをお祈りいたします。

　　ありがとうございました。

(c) "来宾致辞" láibīn zhìcí（来賓のあいさつ）

　　あいさつする来賓は主に新郎新婦と関係の深い人，あるいは年長者，職場の上司などです。身分の違いによって，あいさつの内容も異なってきます。あいさつの中では新郎新婦について自分が知っていることを述べるとともに，できるだけほめるようにし，自分の角度から新郎新婦に対するお祝いをします。

▼ "朋友致辞" péngyou zhìcí（友人のあいさつ）

　　今夜，新郎新娘，情牵一线，幸福地走上了婚姻的殿堂。我作为他们的同学，也是二人从小到大的朋友，此时也激动不

　　Jīnyè, xīnláng xīnniáng, qíng qiān yī xiàn, xìngfú de zǒushangle hūnyīn de diàntáng. Wǒ zuòwéi tāmen de tóngxué, yě shì èr rén cóng xiǎo dào dà de péng-

已，欢喜不已。

　　他们是青梅竹马，两小无猜。从幼儿园，小学，中学直到大学都在一起。两人在长辈的呵护下，一帆风顺，牵手走过了26个春夏秋冬。他们是天注姻缘，是最幸福的一对！我衷心地祝愿他们像蝶恋花，花喜蝶一样，夫妻永相亲！

　　有一句话是这样说的：拥抱新郎，喜气洋洋，拥抱新娘，吉祥满堂。最后，请允许我代表各位来宾热烈的拥抱新郎和新娘，让我们在座的每一位都同沾喜气，共享吉祥！

you, cǐshí yě jīdòng bùyǐ, huānxǐ bùyǐ.

　　Tāmen shì qīng méi zhú mǎ, liǎng xiǎo wú cāi. Cóng yòu'éryuán, xiǎoxué, zhōngxué zhídào dàxué dōu zài yìqǐ. Liǎng rén zài zhǎngbèi de hēhù xià, yī fān fēng shùn, qiānshǒu zǒuguole 26 ge chūn xià qiū dōng. Tāmen shì tiān zhù yīnyuán, shì zuì xìngfú de yī duì! Wǒ zhōngxīn de zhùyuàn tāmen xiàng dié liàn huā, huā xǐ dié yíyàng, fūqī yǒng xiāngqīn!

　　Yǒu yī jù huà shì zhèyàng shuō de: Yōngbào xīnláng, xǐqì yángyáng, yōngbào xīnniáng, jíxiáng mǎntáng. Zuìhòu, qǐng yǔnxǔ wǒ dàibiǎo gèwèi láibīn rèliè de yōngbào xīnláng hé xīnniáng, ràng wǒmen zàizuò de měi yī wèi dōu tóng zhān xǐ qì, gòng xiǎng jíxiáng!

　　今夜，新郎新婦は愛情が1本の糸で結ばれ，幸福にも結婚という殿堂に入りました。私は彼らの同窓として，またお二人の幼い頃からの友人として，今とても感動しており，うれしくてたまりません。

　　お二人は竹馬の友であり，幼い頃無邪気に遊んでおりました。幼稚園，小学校，中学高校から大学までいつもずっと一緒でした。お二人はご両親の庇護のもと，順風満帆で，手を携えて26回の春夏秋冬を歩んできました。彼らは天の定めた夫婦の縁で，最も幸福なカップルです。私は，お二人が蝶が花を恋し，花が蝶を恋するようにご夫婦いつまでも仲良くするよう，心よりお祈りいたします。

　　次のようなことばがあります：新郎を抱きしめれば，喜びあふれ，新婦を抱きしめれば，部屋中めでたさいっぱい。最後に来賓の皆様に代わりまして私が熱烈に新郎と新婦を抱きしめることをお許しください。私たち臨席している一人一人が喜びにあやかり，めでたさを共に分かちあいましょう！

▼"女方的代表(老师)的致辞" nǚfāng de dàibiǎo(lǎoshī) de zhìcí（新婦側の代表(先生)のあいさつ）

　　今天参加刘先生和夏小姐的婚礼，感到十分荣幸，首先，衷心祝贺新婚夫妇喜结良缘，祝你们相亲相爱，白头到老！

　　作为女方的代表，我特别想介绍一下夏小姐。她是我的学生，在大学的学习期间，她的成绩很优秀。在我的记忆中，她从来不缺席，好像连迟到也没有过。夏小姐不仅学习好，成绩优秀，而且善于帮助他人。她的同窗好友，都称赞她是一位热心的人，是一位会体贴关心他人的好学友。

　　我们也曾经得到过她的帮助。记得十年前我们搬家的时候，她同另一位同学主

　　Jīntiān cānjiā Liú xiānsheng hé Xià xiǎojie de hūnlǐ, gǎndào shífēn róngxìng, shǒuxiān, zhōngxīn zhùhè xīnhūn fūfù xǐ jié liángyuán, zhù nǐmen xiāngqīn xiāng'ài, báitóu dào lǎo!

　　Zuòwéi nǚfāng de dàibiǎo, wǒ tèbié xiǎng jièshào yíxià Xià xiǎojie. Tā shì wǒ de xuésheng, zài dàxué de xuéxí qījiān, tā de chéngjì hěn yōuxiù. Zài wǒ de jìyì zhōng, tā cónglái bù quēxí, hǎoxiàng lián chídào yě méiyǒuguo. Xià xiǎojie bùjǐn xuéxí hǎo, chéngjì yōuxiù, érqiě shànyú bāngzhù tārén. Tā de tóngchuāng hǎoyǒu, dōu chēngzàn tā shì yī wèi rèxīn de rén, shì yī wèi huì tǐtiē guānxīn tārén de hǎo xuéyǒu.

动来帮忙。大家都知道，搬家是一件很累很麻烦的事情。她的家离我家非常远，那天早上，夏小姐不但比预定时间提前半小时到我家，而且还带来了饭团等食物。她说，搬家很忙，没时间去外面吃饭。我们当时感动极了，要知道，她得起多早来做这些饭啊！从这件事情上，可以让人感到她有一颗热情、真诚的心。

刚才听到她公司的同事介绍说，在公司里她也是一位不可多得的好手。我想，她是个好学生，也是个好职员，今后，她也一定能成为一个好妻子。

最后，再一次祝新郎新娘幸福美满！
谢谢大家！

Wǒmen yě céngjīng dédàoguo tā de bāngzhù. Jìde shí nián qián wǒmen bānjiā de shíhou, tā tóng lìng yī wèi tóngxué zhǔdòng lái bāngmáng. Dàjiā dōu zhīdao, bānjiā shì yī jiàn hěn lèi hěn máfan de shìqing. Tā de jiā lí wǒ jiā fēicháng yuǎn, nà tiān zǎoshang, Xià xiǎojie búdàn bǐ yùdìng shíjiān tíqián bàn xiǎoshí dào wǒ jiā, érqiě hái dàilaile fàntuán děng shíwù. Tā shuō, bānjiā hěn máng, méi shíjiān qù wàimiàn chī fàn. Wǒmen dāngshí gǎndòng jíle, yào zhīdao, tā děi qǐ duō zǎo lái zuò zhèxiē fàn a! Cóng zhèi jiàn shìqing shang, kěyǐ ràng rén gǎndào tā yǒu yī kē rèqíng、zhēnchéng de xīn.

Gāngcái tīngdào tā gōngsī de tóngshì jièshào shuō, zài gōngsī li tā yě shì yī wèi bù kě duō dé de hǎoshǒu. Wǒ xiǎng, tā shì ge hǎo xuésheng, yě shì ge hǎo zhíyuán, jīnhòu, tā yě yídìng néng chéngwéi yí ge hǎo qīzi.

Zuìhòu, zài yī cì zhù xīnláng xīnniáng xìngfú měimǎn!
Xièxie dàjiā!

本日劉さんと夏さんの結婚式に参加いたしまして，とても光栄に存じます。まず，新婚夫婦が良縁を結ばれましたこと，心よりお祝い申し上げ，互いに愛し合い親しみ合い，共に白髪になるまで添い遂げられますようお祈りいたします。

新婦側の代表といたしまして，私は特に夏さんについてご紹介したいと存じます。彼女は私の学生で，大学で学ばれた時期，成績はとても優秀でした。私の記憶では，彼女はずっと欠席したことはなく，遅刻さえしたことがなかったように思います。夏さんは勉強がよくでき，成績優秀であるばかりでなく，他の人を助けることに長けておりました。彼女の同窓の仲の良い友人たちはみな，彼女は思いやりのある人だ，他の人に優しく親切にする良い学友だ，と褒めております。

私たちもかつて彼女に助けられたことがあります。10年前私たちが引越しをした時，彼女は他の学生と共にすすんで手伝ってくれました。ご存知のように，引越しはとても疲れとても面倒なことです。彼女の家は我が家からとても遠かったのですが，その日の朝，夏さんは予定の時間より30分も前に我が家に着き，その上おむすびなどの食べ物を持ってきてくれました。彼女は，引越しは忙しいので，外に行って食事する時間はないから，と言いました。私たちはそのときとても感激しました。彼女はこれらの食べ物を作るのにどれほど早く起きなければならなかったでしょう！　このことから，彼女が温かい，誠実な心を持っていることがわかります。

先ほど彼女の会社の同僚の方が，会社の中で彼女は数少ない有能な人材であると紹介されるのをお聞きしました。私は，彼女は本当に良い学生であり，本

当に良い社員であり，今後，きっと本当に良い奥さんになれると思います。
　　　最後に，もう1度新郎新婦のお幸せで円満であることをお祈りいたします。
　　　ありがとうございました。

　　一般に，上司の祝辞は，長すぎるのは良くありません。お祝いの意を表すだけでよいことは万国共通です。もちろん，新郎新婦の職場での働きぶりと結びつけて褒めることができれば，一層よいはずです。

▼ "单位领导祝辞" dānwèi lǐngdǎo zhùcí（上司の祝辞）——一般的な上司の祝辞

尊敬的女士们，先生们： 　　大家好！ 　　今天是×××先生和×××小姐新婚大喜的日子，我在这里祝福新郎，新娘幸福美满，白头到老。相亲相爱幸福永，同德同心幸福长！ 　　祝愿新郎，新娘在工作上相互鼓励；在事业上齐头并进；孝敬父母，互敬互爱；风雨同舟共创未来。 　　愿在座的各位嘉宾身体健康，家庭和睦！ 　　多谢各位！	Zūnjìng de nǚshìmen, xiānshengmen! 　　Dàjiā hǎo! 　　Jīntiān shì ××× xiānsheng hé ××× xiǎojie xīnhūn dàxǐ de rìzi, wǒ zài zhèlǐ zhùfú xīnláng xīnniáng xìngfú měimǎn, báitóu dào lǎo. Xiāngqīn xiāng'ài xìngfú yǒng, tóng dé tóng xīn xìngfú cháng! 　　Zhùyuàn xīnláng, xīnniáng zài gōngzuò shang xiānghù gǔlì; zài shìyè shang qí tóu bìng jìn; xiàojìng fùmǔ, hùjìng hù'ài; fēngyǔ tóngzhōu, gòngchuàng wèilái. 　　Yuàn zàizuò de gèwèi jiābīn shēntǐ jiànkāng, jiātíng hémù. 　　Duōxiè gèwèi!

　　尊敬するご来賓の皆さん：
　　こんにちは！
　　本日は○○さんと○○さんのめでたいご結婚の日です。私はここで新郎新婦が幸せで円満でありますよう，共に白髪になるまで添い遂げられますよう，互いに愛し合い親しみ合いいつまでも幸せでありますよう，心を一つに末長くしあわせでありますようお祝いいたします。
　　新郎新婦が仕事の面で互いに励まし合い，事業の面で肩を並べて進み，ご両親に孝行し，互いに尊敬し合い互いに愛し合い，困難を共に切り抜け，共に未来を築かれますよう，お祈りいたします。
　　ご臨席の皆様のご健康とご家庭円満をお祈りいたします！
　　ありがとうございました。

(d) "亲属致辞" qīnshǔ zhìcí（親族のあいさつ）

　　親族のあいさつでは，一般にお祝いのことばのほか，婚礼に参加してくれた来賓に感謝することばが加わります。

▼新郎の父のあいさつ

各位来宾：

　今天，我儿子与××小姐喜结良缘，承蒙各位来宾远道而来，在此表示最热烈的欢迎和衷心的感谢！

　我儿子与××小姐结为夫妻，身为父母感到十分高兴。从今以后，希望他们能互敬，互爱，互谅，互助，用自己的聪明才智和勤劳双手去创造自己美好的未来。同时，我们也希望他们不要远离父母，正如一句歌中唱到的那样，要"常回家看看！"

　最后，祝他们俩新婚愉快，幸福美满！也祝大家身体健康，万事如意！

　谢谢大家！

Gèwèi láibīn:

　Jīntiān, wǒ érzi yǔ ×× xiǎojie xǐ jié liángyuán, chéngméng gèwèi láibīn yuǎn dào ér lái, zài cǐ biǎoshì zuì rèliè de huānyíng hé zhōngxīn de gǎnxiè!

　Wǒ érzi yǔ ×× xiǎojie jiéwéi fūqī, shēn wéi fùmǔ gǎndào shífēn gāoxìng. Cóng jīn yǐhòu, xīwàng tāmen néng hùjìng, hù'ài, hùliàng, hùzhù, yòng zìjǐ de cōngmíng cáizhì hé qínláo shuāngshǒu qù chuàngzào zìjǐ měihǎo de wèilái. Tóngshí, wǒmen yě xīwàng tāmen búyào yuǎnlí fùmǔ, zhèngrú yī jù gē zhōng chàngdào de nàyàng, yào "cháng huí jiā kànkan!"

　Zuìhòu, zhù tāmen liǎ xīnhūn yúkuài, xìngfú měimǎn! Yě zhù dàjiā shēntǐ jiànkāng, wànshì rúyì!

　Xièxie dàjiā!

　ご来賓の皆様：本日，息子と○○さんが良縁を結び，ご来賓の皆様には遠方よりお越しいただきました。ここに心よりの歓迎と心よりの感謝を申し上げます。

　息子と○○さんが夫婦となりましたこと，親としてとてもうれしく思います。今後，二人が互いに尊敬し合い，互いに愛し合い，互いに思いやり，互いに助け合い，自分たちの才知と勤勉な2本の手をもって自らの美しい未来を創造するよう願っています。同時に，私たちは，二人が親から遠く離れることなく，まさに歌で歌われているように「いつも家に会いに帰って」ほしいと願っています。

　最後に，二人の新婚生活が楽しく，幸せで円満であるよう祈ります。また皆様のご健康と万事思い通りになりますことをお祈りいたします。

　ありがとうございました。

▼新婦父親の祝辞の例

各位来宾，女士们，先生们：

　今天，是我的女儿××和女婿××举行结婚典礼的喜庆日子。首先，我对各位嘉宾的光临，表示热烈的欢迎和衷心的感谢！同时，对女儿和女婿的婚姻表示最好的祝愿！

　作为父母的一辈，我们看到了你们一直到今天的成长，成熟和成功，我们感到由衷的高兴。我们真诚地希望，你们今后无论遇到什么困难或挫折，都要一心一意，忠贞不渝地爱护对方，在人生的路途中永

Gèwèi láibīn, nǚshìmen, xiānshengmen:

　Jīntiān, shì wǒ de nǚ'ér ×× hé nǚxu ×× jǔxíng jiéhūn diǎnlǐ de xǐqìng rìzi. Shǒuxiān, wǒ duì gèwèi jiābīn de guānglín, biǎoshì rèliè de huānyíng hé zhōngxīn de gǎnxiè! Tóngshí, duì nǚ'ér hé nǚxu de hūnyīn biǎoshì zuì hǎo de zhùyuàn!

　Zuòwéi fùmǔ de yíbèi, wǒmen kàndàole nǐmen yìzhí dào jīntiān de chéngzhǎng, chéngshú hé chénggōng, wǒmen gǎndào yóuzhōng de gāoxìng. Wǒmen zhēnchéng de xīwàng, nǐmen jīnhòu wúlùn yùdào shénme kùnnan huò cuòzhé, dōu yào yìxīn yíyì,

远心心相印，比翼双飞。
　　最后，我再一次感谢在座的每一位亲朋好友，祝愿你们家庭幸福，事业发达！
　　谢谢大家！

zhōngzhēn búyú de àihù duìfāng, zài rénshēng de lùtú zhōng yǒngyuǎn xīn xīn xiāng yìn, bǐ yì shuāng fēi.
　　Zuìhòu, wǒ zài yī cì gǎnxiè zàizuò de měi yī wèi qīnpéng hǎoyǒu, zhùyuàn nǐmen jiātíng xìngfú, shìyè fādá!
　　Xièxie dàjiā!

　　ご臨席の皆様：
　　本日は娘〇〇と娘婿〇〇の結婚式のめでたい日でございます。まず，ご来賓の皆様のご光臨に心から歓迎と感謝の意を表したいと思います。同時に，娘と娘婿の結婚に対し心から祝福したいと思います。
　　父母として，私たちは二人が今日までの心身両面の成長と成功を見てきました。心からうれしく思います。
　　私たちは二人が今後どのような困難あるいは挫折に出会おうとも心を一つに，忠節を守って背くことなく相手をいたわり，人生の旅路において末永く心と心を通わせ合い，夫婦仲良くしていってほしいと心から願っています。
　　最後に，ご臨席の親族友人の皆様に感謝し，皆様のご家庭のご多幸とご発展をお祈りいたします。
　　ありがとうございました。

　　父親の祝辞の中の"常回家看看"「いつも家に会いに帰る」ということばは，中国人にとってはとても馴染みのある，中国の親子関係の特徴を表わしたことばです。中国の若者は結婚後も両親と親密な関係を持続させ，時には元のまま一緒に生活するほどです。両親も娘と離れることを望まず，二人がいつも家に帰ることを望んでいます。ですから"常回家看看"ということばがこうした結婚式の祝辞にも現れるのです。

(e) "新娘新郎的答辞" xīnniáng xīnláng de dácí（新郎新婦の謝辞）

　　謝辞は，列席者と両親に感謝の意を表すほか，相手に対して自分の思いと今後の生活についての期待を述べます。普通，新郎からあいさつします。内容はおよそ以下のようなものです。

▼新郎の謝辞（1）

各位亲朋好友，各位领导，各位女士、先生们：
　　今天我和〇〇〇小姐结婚，我们的父母，亲朋好友和领导，在百忙当中来参加我们的婚礼，给今天的庆典带来了欢乐和喜悦。借此机会，让我俩再一次向把我们养育成人的父母表示真诚的感谢。另外，衷心感谢领导的关心，感谢朋友们的祝福。
　　请相信，我会永远深深爱着我的妻子，并通过我们勤劳智慧的双手，创造美满幸

Gèwèi qīnpéng hǎoyǒu, gèwèi lǐngdǎo, gèwèi nǚshì、xiānshengmen:
　　Jīntiān wǒ hé 〇〇〇 xiǎojie jiéhūn, wǒmen de fùmǔ, qīnpéng hǎoyǒu hé lǐngdǎo, zài bǎimáng dāngzhōng lái cānjiā wǒmen de hūnlǐ, gěi jīntiān de qìngdiǎn dàilaile huānlè hé xǐyuè. Jiè cǐ jīhuì, ràng wǒ liǎ zài yī cì xiàng bǎ wǒmen yǎngyùchéng rén de fùmǔ biǎoshì zhēnchéng de gǎnxiè. Lìngwài, zhōngxīn gǎnxiè lǐngdǎo de guānxīn, gǎnxiè péngyoumen de zhùfú.

福的家庭。

　　最后，请大家与我们一起分享幸福和快乐。祝大家身体健康，万事如意！

　　Qǐng xiāngxìn, wǒ huì yǒngyuǎn shēnshēn àizhe wǒ de qīzi, bìng tōngguò wǒmen qínláo zhìhuì de shuāngshǒu, chuàngzào měimǎn xìngfú de jiātíng.
　　Zuìhòu, qǐng dàjiā yǔ wǒmen yìqǐ fēnxiǎng xìngfú hé kuàilè. Zhù dàjiā shēntǐ jiànkāng, wànshì rúyì.

親戚・友人の皆様，上司の皆様，ご来賓の皆様：
　　本日，私と○○さんとの結婚に際し，両親，親族・友人・上司の皆さんにはお忙しい中私たちの結婚式に参加していただき，そのうえ祝いの席に楽しさと喜びをもたらしていただきました。この機会をお借りいたしまして私たち二人，もう1度私たちをここまで育ててくれた両親に対して心からの感謝の意を表したいと思います。さらに，上司のご配慮，友人たちの祝福に心より感謝いたします。
　　どうぞ信じてください。私は末永く深く妻を愛し，私たちの勤勉で知恵あるこの2本の手で円満で幸せな家庭を築きます。
　　最後に，皆さん，私たちと共に幸せと楽しさを分かち合いましょう。皆さんがご健康で万事思い通りになりますようお祈りいたします！

▼新郎の謝辞（2）

尊敬的各位来宾：

　　大家好！今天我非常激动，一时不知从何说起。但我知道，这万语千言最终只能汇聚成两个字，那就是"感谢"。
　　首先要感谢在座的各位朋友在这个美好的周末，特意前来参加我们的婚礼。其次，还要感谢我妻子的父母，您们把掌上明珠交付给我，我绝对不会辜负您们的信任。这辈子我虽然无法让您的女儿成为世界上最有的，但我肯定能让她成为世界上最幸福的女人。此时此刻，我还要感谢的就是我的爸爸和妈妈。谢谢您二老把我带到了这个世界，把最无私的爱，最温暖的家给了我，教我学知识，做老实人。爸爸妈妈辛苦了！现在我已经长大了，结婚了，您们可以放心了。我只希望二老健康长寿，幸福地渡过晚年！最后，请大家开怀畅饮，尽兴而归！

Zūnjìng de gèwèi láibīn:

　　Dàjiā hǎo! Jīntiān wǒ fēicháng jīdòng, yìshí bù zhī cóng hé shuōqǐ. Dàn wǒ zhīdao, zhè wànyǔ qiānyán zuìzhōng zhǐ néng huìjùchéng liǎng ge zì, nà jiù shì "gǎnxiè".
　　Shǒuxiān yào gǎnxiè zàizuò de gèwèi péngyou zài zhèige měihǎo de zhōumò, tèyì qiánlái cānjiā wǒmen de hūnlǐ. Qícì, hái yào gǎnxiè wǒ qīzi de fùmǔ, nǐmen bǎ zhǎngshàng míngzhū jiāofùgěi wǒ, wǒ juéduì bú huì gūfù nǐmen de xìnrèn. Zhè bèizi wǒ suīrán wúfǎ ràng nín de nǚ'ér chéngwéi shìjiè shang zuì yǒu de, dàn wǒ kěndìng néng ràng tā chéngwéi shìjiè shang zuì xìngfú de nǚrén. Cǐshí cǐkè, wǒ hái yào gǎnxiè de jiù shì wǒ de bàba hé māma. Xièxie nín èrlǎo bǎ wǒ dàidàole zhèige shìjiè, bǎ zuì wúsī de ài, zuì wēnnuǎn de jiā gěile wǒ, jiāo wǒ xué zhīshi, zuò lǎoshírén. Bàba māma xīnkǔ le! Xiànzài wǒ yǐjīng zhǎngdà le, jiéhūn le, nǐmen kěyǐ fàngxīn le. Wǒ zhǐ xīwàng èrlǎo jiànkāng chángshòu, xìngfú de dùguò wǎnnián! Zuìhòu, qǐng dàjiā kāihuái chàngyǐn, jìnxìng ér guī!

尊敬するご来賓の皆様：
　　こんにちは！　今日，私は非常に感激しておりまして，何から話したらよい

か分かりません。しかし，多くのことばも結局二つの字にまとまります。それは「感謝」です。

まず，ご臨席の友人の皆さん，この麗しき週末，私たちの結婚式に参加していただき，ありがとうございます。次に，妻のご両親に感謝いたします。あなた方は掌中の珠のように大切な娘さんを私に渡してくださいました。私は決してあなた方の信頼を裏切るようなことはありません。私の生涯をかけて，あなた方の娘さんを世界で一番のお金持ちにはできなくても，必ず世界で一番幸せな女性にいたします。

まさに今このとき，私の父と母にも感謝しなければなりません。私にこの世の生を与えてくれ，無私の愛情と温かい家庭を与えてくれ，知識を学び，誠実な人間になることを教えてくれました。お父さんお母さん，ご苦労をおかけしました！　今，私は大人になり，結婚しました，安心してください。お二人が元気で長生きされますよう，幸せに晩年を過ごされますよう願うばかりです！

最後に，皆さん，心ゆくまでお飲みいただき，思う存分楽しんでお帰りくださるようお願いいたします！

(3) "集体结婚仪式上的祝辞" jítǐ jiéhūn yíshì shang de zhùcí（集団結婚式での祝辞）

1920年代から30年代に，中国でも集団結婚が流行しました。1939年2月7日，上海社会局は大新聞各紙に簡素で，経済的，厳粛を旨とする集団結婚法を公布し，江湾市政府のホールで最初の式を挙行しました。結婚式は軍楽隊の演奏があり，新郎は藍色の伝統的長衣，黒の上着で，新婦はピンクの繻子の旗袍を着，頭にはジョーゼットを掛け，手には切花を持つ，という姿でした。新郎新婦は順番に壇上に上がり，孫中山先生の生前の写真に3度お辞儀をし，結婚立会人に1度お辞儀をし，結婚立会人は結婚証書と記念品を渡し，立会いのあいさつをし，記念写真をとりました。これが今日言うところの「集団結婚」の始まりです。現在の集団結婚のやり方も基本的にはこれを踏襲しているようです。

集団結婚は，多くは祭日あるいは重要な記念日に挙行され，役所の指導者が主宰者の身分で参加します。ですから，祝辞は指導者的な話しぶりとなり，内容にはお祝いの言葉のほかに，激励や戒めの言葉が入ります。

▼集団結婚式での指導者の祝辞

各位来宾，同志们，朋友们：
　　今天是中秋节，在这个圆满的节日里，县委宣传部，县团委共同举办"圆梦·钟爱一生"青年婚礼大典，我代表县委、县政府向活动的倡导者、组织者、支持者表示崇高的敬意，向踊跃参加这项活动的18对青年朋友表示热烈的祝贺，并致以真诚的祝福。

Gèwèi láibīn, tóngzhìmen, péngyoumen:
　　Jīntiān shì Zhōngqiūjié, zài zhèige yuánmǎn de jiérì li, xiànwěi xuānchuánbù, xiàntuánwěi gòngtóng jǔbàn "yuánmèng·zhōng'ài yìshēng" qīngnián hūnlǐ dàdiǎn, wǒ dàibiǎo xiànwěi, xiàn zhèngfǔ xiàng huódòng de chàngdǎozhě、zǔzhīzhě、zhīchízhě biǎoshì chónggāo de jìngyì, xiàng yǒngyuè cānjiā zhèi xiàng huódòng de 18 duì qīngnián péngyou biǎoshì rèliè

今天，你们冲破旧俗，勇倡文明新风，你们以行动证明了你们是全县青年的先进代表，是推动我县各项事业发展的生力军。参加婚典的18对青年们，你们要继续发扬敢为天下先的精神，做精神文明建设的带头人，做推动经济发展和加快社会进步的开拓者。

"世界是你们的，也是我们的，但是归根结底是你们的，你们青年人朝气蓬勃，正在兴旺时期，好像早晨八，九点钟的太阳，希望寄托在你们身上。"在此，我把毛泽东同志的这段话赠送给你们，让我们共勉。

最后，再次衷心祝贺新婚夫妇们心情愉快，工作顺利，永结同心，白头偕老。

谢谢大家！

de zhùhè, bìng zhìyǐ zhēnchéng de zhùfú.

Jīntiān, nǐmen chōngpò jiùsú, yǒngchàng wénmíng xīnfēng, nǐmen yǐ xíngdòng zhèngmíngle nǐmen shì quánxiàn qīngnián de xiānjìn dàibiǎo, shì tuīdòng wǒ xiàn gè xiàng shìyè fāzhǎn de shēnglìjūn. Cānjiā hūndiǎn de 18 duì qīngniánmen, nǐmen yào jìxù fāyáng gǎn wéi tiānxià xiān de jīngshén, zuò jīngshén wénmíng jiànshè de dàitóurén, zuò tuīdòng jīngjì fāzhǎn hé jiākuài shèhuì jìnbù de kāituòzhě.

"Shìjiè shì nǐmen de, yě shì wǒmen de, dànshì guī gēn jié dǐ shì nǐmen de, nǐmen qīngniánrén zhāoqì péngbó, zhèngzài xīngwàng shíqī, hǎoxiàng zǎochén 8, 9 diǎn zhōng de tàiyang, xīwàng jìtuōzài nǐmen shēnshang." Zài cǐ, wǒ bǎ Máo Zédōng tóngzhì de zhèi duàn huà zèngsònggěi nǐmen, ràng wǒmen gòngmiǎn.

Zuìhòu, zàicì zhōngxīn zhùhè xīnhūn fūfùmen xīnqíng yúkuài, gōngzuò shùnlì, yǒng jié tóngxīn, bái tōu xié lǎo.

Xièxie dàjiā!

ご来賓の皆様，同士，友人の皆様：

本日は中秋節であります。この良き節句の日に，共産党県委員会宣伝部，共産主義青年団県委員会は共催で〈圆梦・钟爱一生〉（夢をかなえ・一生涯愛情を注ぐ）青年結婚式典を挙行いたします。私は県委員会，県政府を代表して，この活動の提唱者，組織者，支持者に対して，心からの敬意を表し，奮ってこの活動に参加された18組の若い友人に熱烈な祝賀の意を表し，また心からの祝福を表します。

本日，あなた方は旧俗を打ち破り，現代的新風を勇敢に唱え，行動をもってあなた方が全県青年の代表であり，本県各種事業の発展を推し進める新鋭勢力であることを証明されました。結婚式典に参加した18組の青年の皆さん，あなた方は引き続き「敢えて天下の先と為る」精神を発揚し，精神文明建設のリーダーとなり，経済発展を推進し社会進歩を加速させる開拓者とならなくてはなりません。

「世界はあなた方のものであり，私たちのものです。しかし結局のところあなた方のものです。あなた方青年は元気はつらつとしており，まさに盛んな時期にあり，朝8時9時の太陽のようであり，希望はあなた方に託されているのです。」

ここで，私は毛沢東同志のこのことばをあなた方に贈り，互いに励ましあいたいと思います。

最後に，もう1度，新婚夫婦の皆さん，愉快に楽しく，順調に仕事が進められ，末永く心を一つにし，共に白髪の生えるまで添い遂げられますよう心からお祈りいたします。

ありがとうございました。

4——常用の祝いことば及び祝いの対聯

(1) "常用贺词" chángyòng hècí（常用の祝いことば）

常用の祝いことばは贈り物の上に書いても，お祝いの手紙に書いても，短いメッセージに書いてもかまいません。もちろん，新郎新婦に直接言ってもかまいません。常用される祝いことばには以下のようなものがあります。

向新婚小两口表示祝贺！祝你们白头到老！	Xiàng xīnhūn xiǎoliǎngkǒu biǎoshì zhùhè! Zhù nǐmen bái tóu dào lǎo!	新婚の若いお二人，おめでとうございます！　共に白髪の生えるまで仲良くお過ごしになられますようお祈りします！
祝新婚夫妇爱情永笃，花好月圆！	Zhù xīnhūn fūfù àiqíng yǒng dǔ, huā hǎo yuè yuán!	新婚のお二人が末永く愛し合い，仲睦まじく円満でありますようお祈りします！
祝新婚夫妇相亲相爱，双宿双飞！	Zhù xīnhūn fūfù xiāngqīn xiāng'ài, shuāng sù shuāng fēi!	新婚のお二人が互いに慈しみ愛し合い，いつも仲睦まじいよう祈ります！
祝你们二位感情深厚，如胶似漆，白头相守！	Zhù nǐmen èr wèi gǎnqíng shēnhòu, rú jiāo sì qī, bái tóu xiāng shǒu!	お二人が仲良く，心を通わせ，共に白髪の生えるまで添い遂げられますよう！
祝愿你们新婚夫妻恩爱，家庭和睦！	Zhùyuàn nǐmen xīnhūn fūqī ēn'ài, jiātíng hémù!	新婚のご夫婦が仲睦まじく，家庭が円満でありますよう！
祝愿你们夫妇恩爱，地久天长！	Zhùyuàn nǐmen fūfù ēn'ài, dì jiǔ tiān cháng!	ご夫婦が仲睦まじく，末永くとこしえに変わらぬようお祈りします！
祝愿你们新婚佳期吉祥如意！	Zhùyuàn nǐmen xīnhūn jiāqī jíxiáng rúyì!	ご結婚が順調でありますよう！
愿你们像并蒂芙蓉，相亲相爱，和谐相处！	Yuàn nǐmen xiàng bìng dì fúróng, xiāngqīn xiāng'ài, héxié xiāngchǔ.	並んで咲くハスの花のように仲良く，お互い愛し慈しみ合い，仲睦まじくありますよう。
祝愿新婚夫妇如鸳鸯双双，长相厮守！	Zhùyuàn xīnhūn fūfù rú yuānyāng shuāngshuāng, cháng xiāng sī shǒu!	新婚のご夫婦が鴛鴦のようにいつまでもご一緒にお過ごしになられますよう！
祝愿二位鱼水和谐，一双两好！	Zhùyuàn èr wèi yúshuǐ héxié, yì shuāng liǎng hǎo!	水魚の思いで，夫婦仲良くありますよう！

祝你们新婚幸福，如鱼水和谐，燕莺成对，琴瑟相调！	Zhù nǐmen xīnhūn xìngfú, rú yúshuǐ héxié, yànyīng chéng duì, qínsè xiāng tiáo!	ご結婚が幸せで，魚と水のように離れることなく，ツバメやウグイスのように二人一緒に，琴瑟相和すように仲睦まじくありますよう！
祝愿新婚夫妻恩爱感情日日弥增！	Zhùyuàn xīnhūn fūqī ēn'ài gǎnqíng rìrì mízēng!	新婚のご夫婦の愛情が日々増していきますよう！
有情人终成眷属，心意相通，情意深长！	Yǒuqíngrén zhōng chéng juànshǔ, xīnyì xiāngtōng, qíngyì shēncháng!	愛し合うものは必ず結ばれます，心を通わせ，睦まじくありますよう！
祝愿新婚夫妇心心相印，忠诚相爱，共度今生！	Zhùyuàn xīnhūn fūfù xīn xīn xiāng yìn, zhōngchéng xiāng'ài, gòngdù jīnshēng!	新婚のご夫婦が互いに心を通わせて，互いに忠実で愛し合い，一生を共に過ごせますよう！

(2) "结婚常用喜联" jiéhūn chángyòng xǐlián（結婚を祝う常用の対聯）

"喜联"は対聯の一種で，"贺联" hèliánとも言います。中国的特色のあるお祝いの仕方です。

▼結婚を祝う常用の対聯

夫妻恩爱　家庭幸福	Fūqī ēn'ài　jiātíng xìngfú	夫婦仲睦まじく　家庭は幸福
互助互爱　相敬相亲	Hùzhù hù'ài　xiāngjìng xiāngqīn	互いに助け合い愛し合い　互いに尊敬し合い親しみ合う
凤凰鸣矣　琴瑟友之	Fènghuáng míng yǐ　qínsè yǒu zhī	鳳凰鳴きたり　琴瑟もて之を友とせん（*夫婦仲が円満であることを言う）
白头偕老　同心永结	Bái tóu xié lǎo　tóng xīn yǒng jié	共に白髪の生えるまで　夫婦の愛の絆は断たれることなし
鸳鸯比翼　夫妻同心	Yuānyāng bǐ yì　fūqī tóng xīn	オシドリは羽を並べ　夫婦は心を一つにする
互敬互爱春永住　同心同德乐无穷	Hùjìng hù'ài chūn yǒng zhù　tóng xīn tóng dé lè wú qióng	互いに敬愛すれば春は永に住まり　一心同体なれば楽しみ無窮なり
百岁夫妻常和好　千秋伴侣永和谐	Bǎi suì fūqī cháng héhǎo　qiān qiū bànlǚ yǒng héxié	百歳の夫婦は常に仲良く　千秋の伴侶は永く仲睦まじい

男男女女恩恩爱爱 对对双双喜喜欢欢	Nánnánnǚnǚ ēn'ēn'ài'ài duìduìshuāngshuāng xǐxǐhuānhuān	夫婦仲睦まじく 夫婦楽しく
两门多喜两家多福 一对新人一代新风	Liǎng mén duō xǐ liǎng jiā duō fú yī duì xīnrén yī dài xīnfēng	両家は喜び両家は幸せ 若い夫婦は時代の新風

Ⅱ 弔いのことば

1──中国の伝統的葬儀儀礼について

　　　　　　中国の伝統的葬儀儀礼は相当複雑煩瑣でしたが，現在ではそのもともとの形を見ることは難しくなっています。しかし現代の葬儀儀礼にも，多少とも過去の名残が残されています。ここではまず古来の伝統的葬儀儀礼の全過程について簡単に紹介しておきましょう。

　伝統的な葬儀儀礼は，臨終の時から始まります。

(1) "更衣" gēngyī（着替えをさせる）

　臨終の時，家族は死者に沐浴させ着替えをさせます。着るのは"寿衣" shōuyī（死装束）と言います。"寿衣"を着せるということはもうすぐこの世を離れようとしていることを示しています。天寿を全うすることを重んずる中国の伝統的な喪葬文化の表れの一つです。

(2) "报丧" bàosāng（死亡を通知する）

　死亡を親戚友人などに通知することは人が亡くなった後の最初の儀式です。すでに死亡のことを知っている人にも通知しなければなりません。通知の仕方は地方によって異なります。漢族の意識では，死亡通知は形式的な礼儀であるだけでなく，それにもまして親戚・家族と共に悲しみを分かつ手段なのです。

(3) "吊唁" diàoyàn（お悔やみを述べる）

　"吊唁"とは親戚・友人が死亡通知を受けた後お悔やみに行き，死者の家族を見舞うことです。

　弔問の儀式を行うことは，格式を重んじたやり方です。地方によっては"吊唁"を"拜祭" bàijì といいます。

(4) "入殓" rùliàn（納棺する）

　"入殓"とは死体を棺に納めることで，納棺の儀式は非常に盛大厳粛に執り行われます。納棺の前後は出棺まで，棺を母屋中央の部屋に安置します。

(5) "丧服" sāngfú（喪服を着る）

　すべての喪葬儀礼において，忌中の家の者は喪服を着なければなりませんでした。喪服のあつらえ方は基本的には五等，即ち所謂五服：斬衰・斉衰・大功・小功・緦麻に分かれていました。喪服の材料と喪服を着る時間は血縁関係の尊卑・親疎によって異なっていました。

(6) "出丧" chūsāng（出棺する）

　"出殡" chūbìn とも言い，俗に"送葬" sòngzàng とも言います。野辺送りをし，柩を埋葬することです。出棺は日時の選択が重視され，暦を調べるか陰陽の占い師にお伺いを立てました。この儀式に関係する事柄は多く，うっかりすると禁を犯すことになるので，とても慎重に行われました。

(7) "哭丧" kūsāng（大声でなく）

　"哭丧"とは泣くことで，死者に対する悲しみを表します。葬儀儀礼の中で一貫しているのは，出棺のとき特に男性が泣かなくてはならなかったということでした。泣かなければ，不孝と看做されたのです。孝行者と呼ばれたいためにお金を払って泣いてもらうということは歴代常套の方法で，職業的な泣き男あるいは泣き女がいたほどです。

(8) "下葬" xiàzàng（埋葬する）

　葬儀の最後は埋葬です。墓地は多くは地勢が広々とし，山紫水明の場所が選ばれ，所謂生気が凝縮している場所を探しました。埋葬後，告別の儀式が行われ死者の位牌を拝して供養しました。

(9) "做七" zuòqī（7日ごとの供養をする）

　人がなくなってから7日ごとに49日まで7回供養をしました。お坊さんを頼んで死者のために法要を行うと，死者はよい所に生まれ変わるとされていました。最後は"断七" duànqī（49日の法要）です。49日の法要は盛大に執り行われ，その後，喪が明けます。

　以上，簡単に伝統的な葬儀儀礼を紹介しました。現在，中国では経済的条件が良くなるにつれ，葬儀のやり方も重視され始め，また，それにより発展してきた葬儀産業が再び葬儀を複雑化させ，復古的な現象が出てきています。また，不可解な様相も呈しています。しかし伝統的な葬儀儀礼の常識について理解していれば，こうした現象を見ても，連想が働くでしょう。

2──現代の葬儀儀礼の過程及び用いられる文例

　中国人の生死に対する態度は，たとえば結婚を"红喜事" hóng xǐshì と言い，老人の寿命が尽きることを"白喜事" bái xǐshì と言うなど達観の一面がありますが，しかし，依然として死を最も恐ろしい災難の一つと考えています。そこで，葬式をするのに必ずしも他人に知らせようとしない，特に若者が早死にしたときはあまり多くの他人に知らせたくないと思う人もいます。その他，相手にマイナスの影響を与えはしないかという顧慮もあります。たとえば，結婚式には喪中の人を招待しません。反対に，自分が喪中であれば，自分から結婚式に参加するのを控えます。これは婚儀と葬儀の最大の違いです。一方は愉快に騒ぎ，一方は悲しみ悼むのです。以下の葬儀儀礼で用いる文例を読む前に，以上の状況を理解しておいてください。

(1) 死亡通知を出す

　昔と同じように，葬儀儀礼の始めの第一歩は死亡通知を出すことです。"讣告" fùgào（死亡通知）は"讣闻" fùwén，"讣文" fùwén とも言います。"讣"は"报丧" bàosāng の意味で，死んでしまったという知らせを親戚・友人及び関係者に知らせ，同時に追悼会があるか否か及び追悼会の時間・場所などを知らせることです。死亡通知は一般に3種類に分けられます。

▼一般的死亡通知

最もよく用いられる形式で，書き方は，死者の姓名，身分，死因，死亡時期・場所，死亡年齢を書き，弔問や追悼会の時間・場所を通知し，死亡通知を出した団体又は個人の氏名等を署名します。

<table>
<tr><td>

讣告

　父亲大人刘英，因病久治不愈，于2005年1月2日晚7时在平安医院抢救无效，不幸与世长辞，享年90岁。现定于2005年1月8日上午10时30分在常虹殡仪馆20号厅举行追悼仪式。

　长子：刘霄　儿媳：彭永玲　孙男：刘震
　次子：刘汉

泣告

</td><td>

Fùgào

　Fùqin dàrén Liú Yīng, yīn bìng jiǔ zhì bú yù, yú 2005 nián 1 yuè 2 rì wǎn 7 shí zài Píng'ān Yīyuàn qiǎngjiù wúxiào, búxìng yǔ shì chángcí, xiǎngnián 90 suì. Xiàn dìng yú 2005 nián 1 yuè 8 rì shàngwǔ 10 shí 30 fēn zài Chánghóng Bìnyíguǎn 20 hào tīng jǔxíng zhuīdào yíshì.

　zhǎngzǐ: Liú Xiāo　érxí: Péng Yǒnglíng　sūnnán: Liú Zhèn
　cìzǐ: Liú Hàn

qìgào

</td></tr>
</table>

死亡通知

　父劉英儀，病気加療中のところ治癒することなく，2005年1月2日夜7時平安病院にて応急措置を施しましたが効なく，享年90にて永眠いたしました。2005年1月8日午前10時30分常虹葬儀場20号ホールにて追悼会を執り行います。

　　長男：劉霄　長男妻：彭永玲　孫：劉震
　　次男：劉漢

涙もてお知らせいたします。

一般の職場・機関・団体が出す死亡通知は，通例の公文書とほぼ同じで，ことをはっきり述べるだけで差し支えありません。

▼職場・機関・団体の死亡通知

<table>
<tr><td>

讣告

　本公司高级技师，全国人民代表大会代表彭永汉同志因患癌症医治无效，2005年11月10日凌晨不幸病逝于星辰医院，享年66岁。

　彭永汉同志的追悼会定于2005年11月17日下午3时30分在××殡仪馆19号厅举行。

　特此讣告

广州流花工业公司
2005年11月12日

</td><td>

Fùgào

　Běn gōngsī gāojí jìshī, Quánguó Rénmín Dàibiǎo Dàhuì dàibiǎo Péng Yǒnghàn tóngzhì yīn huàn áizhèng yīzhì wúxiào, 2005 nián 11 yuè 10 rì língchén búxìng bìngshì yú Xīngchén Yīyuàn, xiǎngnián 66 suì.

　Péng Yǒnghàn tóngzhì de zhuīdàohuì dìngyú 2005 nián 11 yuè 17 rì xiàwǔ 3 shí 30 fēn zài ×× Bìnyíguǎn 19 hào tīng jǔxíng.

　tècǐ fùgào

Guǎngzhōu Liúhuā Gōngyè Gōngsī
2005 nián 11 yuè 12 rì

</td></tr>
</table>

死亡通知

　本社高級技師，全国人民代表大会代表彭永漢同志は癌加療のところ効なく，

2005年11月10日夜明け星辰病院にて享年66で永眠いたしました。

　彭永漢同志の追悼会は2005年11月17日午後3時30分○○斎場19号ホールにて行います。

　ここにお知らせいたします。

広州流花工業公司
2005年11月12日

著名な作家魯迅逝去の死亡通知は，簡潔にして特徴ある通知ですが，その中でお金を受け取らないことがはっきり書かれていることはよく知られるところです。

魯迅先生訃告	Lǔ Xùn xiānsheng Fùgào
魯迅(周樹人)先生于一九三六年十月十九日上午五时二十五分病卒于上海寓所，享年五十六岁。即日移置万国殡仪馆，由二十日上午十时至下午五时为各界瞻仰遗容的时间。依先生的遗言："不得因为丧事收受任何人的一文钱。"除祭奠和表示哀悼的挽词，花圈等外，谢绝一切金钱上的赠送。谨此讣闻。	Lǔ Xùn (Zhōu Shùrén) xiānsheng yú 1936 nián 10 yuè 19 rì shàngwǔ 5 shí 25 fēn bìngzú yú Shànghǎi yù suǒ, xiǎngnián 56 suì. Jírì yízhì Wànguó Bìnyíguǎn, yóu 20 rì shàngwǔ 10 shí zhì xiàwǔ 5 shí wéi gèjiè zhānyǎng yíróng de shíjiān. Yī xiānsheng de yíyán: "Bùdé yīnwei sāngshì shōushòu rènhé rén de yī wén qián." Chú jìdiàn hé biǎoshì āidào de wǎncí, huāquān děng wài, xièjué yíqiè jīnqián shang de zèngsòng. Jǐn cǐ fùwén.
魯迅先生治丧委员会	Lǔ Xùn xiānsheng Zhìsāng Wěiyuánhuì
（委员名单略）	(wěiyuán míngdān lüè)

魯迅先生訃告

　魯迅（周樹人）先生は1936年10月19日午前5時25分上海の寓居にて病没しました。享年56でした。即日万国殯儀館に移されました。20日午前10時より午後5時までが各界の皆さんがご遺体とお別れする時間です。「葬儀のためにいかなる人のビタ一文も受け取ってはならない」という先生の遺言に従い，弔問と哀悼を表す弔詞，花輪等のほかは，一切の金銭上の贈賻の儀はご辞退させていただきます。

　謹んでここにお知らせします。

魯迅葬儀委員会
（委員名簿　略）

▼**公告形式**

　中国では，こうした死亡通知は荘厳，厳粛で，一般に高級指導者や影響力のある重要人物に用いられ，共産党と国家或いは高いランクの機関，団体により決定され出されます。全国に向かって出される告示なので公告と呼ばれます。内容は前項と同じところがあるほか，死者に対する評価と哀悼の辞が加わり，また葬儀委員会の名簿の公布，葬儀に対する手配と要求等が入ります。

中国共产党中央委员会
中华人民共和国全国人民代表大会常务委员会
中华人民共和国国务院
公 告

中国共产党中央委员会、中华人民共和国全国人民代表大会常务委员会、中华人民共和国国务院以极其沉痛的心情宣告：我国爱国主义、民主主义、国际主义和共产主义的伟大战士、杰出的国际政治活动家、卓越的国家领导人、中华人民共和国名誉主席、中华人民共和国全国人民代表大会常务委员会副委员长宋庆龄同志因患慢性淋巴细胞白血病，于一九八一年五月二十九日二十时十八分在北京逝世，终年九十岁。

宋庆龄同志的逝世，是我们国家和全国人民的巨大损失。决定为宋庆龄同志举行国葬，以表达我国各族人民的沉痛悼念。

宋庆龄同志治丧委员会已经成立。

我国爱国主义、民主主义、国际主义和共产主义的伟大战士、卓越的国家领导人宋庆龄同志永垂不朽！

一九八一年五月二十九日

Zhōngguó Gòngchǎndǎng Zhōngyāng Wěiyuánhuì
Zhōnghuá Rénmín Gònghéguó Quánguó Rénmín Dàibiǎo Dàhuì Chángwù Wěiyuánhuì
Zhōnghuá Rénmín Gònghéguó Guówùyuàn
Gōnggào

Zhōngguó Gòngchǎndǎng Zhōngyāng Wěiyuánhuì, Zhōnghuá Rénmín Gònghéguó Quánguó Rénmín Dàibiǎo Dàhuì Chángwù Wěiyuánhuì, Zhōnghuá Rénmín Gònghéguó Guówùyuàn yǐ jíqí chéntòng de xīnqíng xuāngào: Wǒguó àiguó zhǔyì, mínzhǔ zhǔyì, guójì zhǔyì hé gòngchǎn zhǔyì de wěidà zhànshì, jiéchū de guójì zhèngzhì huódòngjiā, zhuóyuè de guójiā lǐngdǎorén, Zhōnghuá Rénmín Gònghéguó míngyù zhǔxí, Zhōnghuá Rénmín Gònghéguó Quánguó Rénmín Dàibiǎo Dàhuì Chángwù Wěiyuánhuì fù wěiyuánzhǎng Sòng Qìnglíng tóngzhì yīn huàn mànxìng línbā xìbāo báixuèbìng, yú 1981 nián 5 yuè 29 rì 20 shí 18 fēn zài Běijīng shìshì, zhōngnián 90 suì.

Sòng Qìnglíng tóngzhì de shìshì, shì wǒmen guójiā hé quánguó rénmín de jùdà sǔnshī. Juédìng wèi Sòng Qìnglíng tóngzhì jǔxíng guózàng, yǐ biǎodá wǒ guó gè zú rénmín dc chéntòng dàoniàn.

Sòng Qìnglíng tóngzhì Zhìsāng Wěiyuánhuì yijīng chénglì.

Wǒ guó àiguó zhǔyì, mínzhǔ zhǔyì, guójì zhǔyì hé gòngchǎn zhǔyì de wěidà zhànshì, zhuóyuè de guójiā lǐngdǎorén Sòng Qìnglíng tóngzhì yǒng chuí bù xiǔ!

1981 nián 5 yuè 19 rì

中国産党中央委員会
中華人民共和国全国人民代表大会常務委員会
中華人民共和国国務院
公告

中国共産党中央委員会，中華人民共和国全国人民代表大会常務委員会，中華人民共和国国務院は，極めて沈痛な思いで発表する。わが国の愛国主義・民主主義・国際主義・共産主義の偉大な戦士，傑出した国際的政治活動家，卓越した国家指導者，中華人民共和国名誉主席，中華人民共和国人民代表大会常務委員会副委員長である宋慶齢同志は，慢性リンパ細胞白血病により，1981年5月29日20時18分北京で逝去した。享年90。

宋慶齢同志の逝去は，わが国と全国人民の巨大な損失である。宋慶齢同志のために国葬を行うことを決定し，もってわが国各民族人民の沈痛な哀悼の意を表する。

宋慶齢同士葬儀委員会はすでに成立した。

わが国の愛国主義・民主主義・国際主義・共産主義の偉大な戦士，卓越した国家指導者である宋慶齢同志は永遠に不滅である。

1981年5月29日

▼新聞報道形式

死亡通知は一つのニュースとして新聞紙上に公表されます。内容と形式は比較的簡単です。たとえば著名な映画俳優・傅彪の逝去の際発表された死亡通知は，その代表的なものです。

| 傅彪治喪委員会敬告
为纪念我们的好朋友，受广大观众喜爱的优秀演员傅彪先生，定于2005年9月1日上午9：30-11：00在八宝山第一告别室举行傅彪先生遗体告别仪式。
傅彪治喪委員会
2005年8月31日 | Fù Biāo Zhìsāng Wěiyuánhuì jìnggào
Wèi jìniàn wǒmen de hǎo péngyou, shòu guǎngdà guānzhòng xǐ'ài de yōuxiù yǎnyuán Fù Biāo xiānsheng, dìng yú 2005 nián 9 yuè 1 rì shàngwǔ 9：30—11：00 zài Bābǎoshān dìyī gàobiéshì jǔxíng Fù Biāo xiānsheng yítǐ gàobié yíshì.
Fù Biāo Zhìsāng Wěiyuánhuì
2005 nián 8 yuè 31 rì |

傅彪葬儀委員会謹告

我々の友人，広範な観衆に愛された優秀な俳優である傅彪先生を偲ぶために，2005年9月1日9：30—11：00に八宝山第一告別室において傅彪先生遺体告別式が行われることとなりました。

傅彪葬儀委員会
2005年8月31日

中国では，一般の人の葬儀は比較的簡単で，基本的には親族と関係の深い友人に通知し，遺体とお別れできるよう死者の死亡日時及び火葬日時を連絡するだけです。この場合，特別な形式は必要ありません。

(2) 追悼会の式次第と追悼の辞

(a) 追悼会の式次第：

中国での追悼会の進行はおおよそ日本と同じです。基本的には以下のようになります。

1. "主持人宣布开始" zhǔchírén xuānbù kāishǐ（主宰者が開会を宣言する）
2. "向死者默哀，奏哀乐" xiàng sǐzhě mò'āi zòu āiyuè（死者に対して黙祷をささげ，葬送曲を演奏する）
4. "致悼词" zhì dàocí（哀悼のことばを述べる）
5. "向遗体告别同时向死者家属表示慰问" xiàng yítǐ gàobié tóngshí xiàng sǐzhě jiāshǔ biǎoshì wèiwèn（遺体に別れを告げ死者の家族にお悔やみを述べる）

これは比較的大きな追悼会の儀式のやり方ですが，人に応じて適切な措

置をとり，これとは少し異なることもあります。

(b) 追悼の辞について：

　葬儀儀礼にもし哀悼の辞の一項がないとすると，遺体とのお別れだけとなってしまいます。ですから，哀悼の辞は葬儀儀礼の過程において極めて重要な部分なのです。哀悼の辞には死者の生前に対する評価が含まれますが，この点は，国家の指導者の場合であれ普通の人の場合であれ，極めて重視されます。特に文化大革命のような特殊な時期，批判されたり冤罪を蒙ったりした人の場合，その家族は哀悼の辞の中の文句について極めて敏感です。なぜなら，哀悼の辞はある意味で"盖棺定论" gài guān dìng lùn（人の評価は死後に決まる）という面があるからです。

　哀悼の辞の主な内容は死者の生前の功績を称えることです。書き方はどのような形式でも差し支えありませんが，感情が真摯であることとことばに飾り気がないことが要求される点は同じです。

　上で述べましたが，哀悼の辞は直接死者の評価問題にかかわってきます。特に地位の高い人にとって，哀悼の辞は人を評価する重要な文章ということになります。周恩来が逝去したときの哀悼の辞，鄧小平が逝去したときの哀悼の辞はよい例です。鄧小平が逝去したときの哀悼の辞は，学校の教科書に載り作文の模範文となっています。こうした哀悼の辞の例として，ここでは1972年1月10日中国共産党中央政治局常務委員・国務院総理であった周恩来が陳毅追悼会で述べた哀悼の辞を見てみましょう。

▼周恩来の陳毅追悼大会での哀悼の辞

　　我们怀着十分悲痛的心情，悼念陈毅同志。
　　陈毅同志是中国共产党第九届中央委员会委员、中央军委副主席、中华人民共和国国务院副总理兼外交部长、中国人民政治协商会议全国委员会副主席、国防委员会副主席。陈毅同志在病假期中，因患肠癌，治疗无效，于一九七二年一月六日二十三时五十五分不幸逝世。终年七十一岁。
　　陈毅同志一九二二年加入中国共产主义青年团，一九二三年加入中国共产党。一九二七年参加中国工农红军。红军时期，历任师长、军长、江西军区司令员兼政治委员；抗日战争时期，历任新四军一支队司令员、新四军代理军长；解放战争时期，历任华中野战军司令员、华东野战军司令员、华东军区兼第三野战军司令员。全国解放后，曾兼任上海市市长。

　　Wǒmen huáizhe shífēn bēitòng de xīnqíng, dàonián Chén Yì tóngzhì.
　　Chén Yì tóngzhì shì Zhōngguó Gòngchǎndǎng Dìjiǔ jiè Zhōngyāng Wěiyuánhuì Wěiyuán、Zhōngyāng Jūnwěi fù zhǔxí、Zhōnghuá Rénmín Gònghéguó Guówùyuàn fù zǒnglǐ jiān Wàijiāobùzhǎng、Zhōngguó Rénmín Zhèngzhì Xiéshāng Huìyì Quánguó Wěiyuánhuì fù zhǔxí、Guófáng Wěiyuánhuì fù zhǔxí. Chén Yì tóngzhì zài bìngjiàqī zhōng, yīn huàn cháng'ái, zhìliáo wúxiào, yú 1972 nián 1 yuè 6 rì 23 shí 55 fēn búxìng shìshì. Zhōngnián 71 suì.
　　Chén Yì tóngzhì 1922 nián jiārù Zhōngguó Gòngchǎnzhǔyì Qīngniántuán, 1923 nián jiārù Zhōngguó Gòngchǎndǎng. 1927 nián cānjiā Zhōngguó Gōngnóng Hóngjūn. Hóngjūn shíqī, lìrèn shīzhǎng、jūnzhǎng、Jiāngxī jūnqū sīlìngyuán jiān zhèngzhì wěiyuán; KàngRì zhànzhēng shíqī, lìrèn Xīnsìjūn yī zhī duì sīlìngyuán、Xīnsìjūn dàilǐ jūnzhǎng; jiěfàng zhànzhēng shíqī, lìrèn Huázhōng Yězhànjūn sīlìngyuán、Huádōng

陈毅同志是中国共产党的优秀党员，是中国人民的忠诚战士。几十年来，陈毅同志在毛主席，党中央的领导下，在长期革命战争中，在社会主义革命和社会主义建设中，坚持战斗，坚持工作，努力为人民服务。

陈毅同志的逝世，使我们失去了一位老战友、老同志，是我党我军的一大损失。我们沉痛地悼念陈毅同志，要学习陈毅同志的革命精神，化悲痛为力量，在以毛主席为首的党中央领导下，在毛主席无产阶级革命路线的指引下，谦虚谨慎，戒骄戒躁，为完成国际国内新的战斗任务，争取新的更大的胜利而奋斗

陈毅同志安息吧！

Yězhànjūn sīlìngyuán、Huádōng Jūnqū jiān Dìsān Yězhànjūn sīlìngyuán. Quánguó jiěfàng hòu, céng jiānrèn Shànghǎi Shì shìzhǎng.

Chén Yì tóngzhì shì Zhōngguó Gòngchǎndǎng de yōuxiù dǎngyuán, shì Zhōngguó rénmín de zhōngchéng zhànshì. Jǐshí nián lái, Chén Yì tóngzhì zài Máo zhǔxí, Dǎngzhōngyāng de lǐngdǎo xià, zài chángqī gémìng zhànzhēng zhōng, zài shèhuì zhǔyì gémìng hé shèhuì zhǔyì jiànshè zhōng, jiānchí zhàndòu, jiānchí gōngzuò, nǔlì wèi rénmín fúwù.

Chén Yì tóngzhì de shìshì, shǐ wǒmen shīqùle yī wèi lǎo zhànyǒu、lǎo tóngzhì, shì wǒ dǎng wǒ jūn de yī dà sǔnshī. Wǒmen chéntòng de dàoniàn Chén Yì tóngzhì, yào xuéxí Chén Yì tóngzhì de gémìng jīngshén, huà bēitòng wéi lìliang, zài yǐ Máo zhǔxí wéi shǒu de Dǎngzhōngyāng lǐngdǎo xià, zài Máo zhǔxí wúchǎnjiējí gémìng lùxiàn de zhǐyǐn xià, qiānxū jǐnshèn, jiè jiāo jiè zào, wèi wánchéng guójì guónèi xīn de zhàndòu rènwù, zhēngqǔ xīn de gèng dà de shènglì ér fèndòu.

Chén Yì tóngzhì ānxī ba!

私たちは悲痛な気持ちをもって，陳毅同志を追悼いたします。

陳毅同志は中国共産党第九期中央委員会委員・中央軍事委員会副主席・中華人民共和国国務院副総理兼外交部長・中国人民政治協商会議全国委員会副主席・国防委員会副主席でした。陳毅同志は病気療養中，腸癌を患い，治療するも効なく，1972年1月6日23時55分逝去されました。享年71でした。

陳毅同志は1922年中国共産主義青年団に入団し，1923年中国共産党に入党しました。1927年中国工農紅軍に参加しました。紅軍の時期，師団長・軍団司令官・江西軍区司令官兼政治委員を歴任され，抗日戦争の時期には，新四軍第一支隊司令官・新四軍司令官代理を歴任され，解放戦争の時期には，華中野戦軍司令官・華東野戦軍司令官・華東軍区兼第三野戦軍司令官を歴任されました。全国解放後は，上海市長を兼務されました。

陳毅同志は，中国共産党の優秀な党員であり，中国人民の忠実な戦士でありました。数十年来，陳毅同志は毛主席・党中央の指導の下，長期にわたる革命戦争の中で，社会主義革命と社会主義建設の中で，戦い続け，仕事をし続け，懸命に人民のために奉仕しました。

陳毅同志の逝去で，私たちは古い戦友・古い同志を一人失ってしまい，これはわが党わが軍にとって一大損失です。私たちは沈痛な気持ちで陳毅同志を追悼し，陳毅同志の革命精神を学び，悲しみを力に変え，毛主席を頭とする党中央の指導のもと，毛主席のプロレタリア革命路線の指導のもと，謙虚につつしみ深く，おごらずあせらず，国際・国内の新しい戦闘任務を完成させるために新しいさらに大きな勝利を勝ち取るために奮闘しなければなりません。

陳毅同志，安らかにお眠りください！

《人民日报》〔1972年1月11日〕

▼一般の教師に対する哀悼の辞

普通の庶民に対する追悼の辞は，飾り気がなく，心がこもって，追悼の意を表現できている文章をよしとします。次は普通の教師に対する追悼の辞です。

各位领导、各位来宾、各位亲友：

今天，我们怀着十分沉痛的心情在此深切悼念退休教师李英同志，李英同志于2005年6月9日因病在家与世长辞，享年69岁。

李英同志于1964年9月开始在我校任教，1996年6月30日光荣退休。在任教期间他多次被评为优秀教师，受到各级领导的嘉奖。在三十多年的从教生涯中，为祖国各条战线培养了许多优秀人才，实为桃李满天下。许多贫苦辍学的孩子多次从他那里得到帮助，重新返回校园继续读书，有的成为了社会的栋梁。在李英同志的生命中，我们看到的是对教育事业的无比热爱。

在他退休以后，还经常回到学校和同事们谈教学，调解学校与附近群众的矛盾，继续帮助有困难的孩子。他是百姓有口皆碑的好教师。我们忘不了他热情的笑脸，忘不了他忙碌工作的身影，也忘不了他和同志们在一起时的快乐时光。如今，他带着美好憧憬离开了我们，就要融入到他深爱着的这片土地。

培育桃李三十二载，鞠躬尽瘁六十余春。李英同志如今仙逝而去，让他静静地离去吧，请所有的亲朋好友节哀顺变。我们一定化悲痛为力量，以李英的工作精神为榜样，为家乡的教育事业贡献全力。

李英同志安息吧！

Gèwèi lǐngdǎo、gèwèi láibīn、gèwèi qīnyǒu:

　　Jīntiān, wǒmen huáizhe shífēn chéntòng de xīnqíng zài cǐ shēnqiè dàoniàn tuìxiū jiàoshī Lǐ Yīng tóngzhì, Lǐ Yīng tóngzhì yú 2005 nián 6 yuè 9 rì yīn bìng zài jiā yǔ shì chángcí, xiǎngnián 69 suì.

　　Lǐ Yīng tóngzhì yú 1964 nián 9 yuè kāishǐ zài wǒ xiào rènjiāo, 1996 nián 6 yuè 30 rì guāngróng tuìxiū. Zài rènjiāo qījiān tā duōcì bèi píngwéi yōuxiù jiàoshī, shòudào gèjí lǐngdǎo de jiājiǎng. Zài sānshí duō nián de cóngjiāo shēngyá zhōng, wèi zǔguó gè tiáo zhànxiàn péiyǎngle xǔduō yōuxiù réncái, shí wéi táolǐ mǎn tiānxià. Xǔduō pínkǔ chuòxué de háizi duōcì cóng tā nàlǐ dédào bāngzhù, chóngxīn fǎnhuí xiàoyuán jìxù dúshū, yǒude chéngwéile shèhuì de dòngliáng. Zài Lǐ Yīng tóngzhì de shēngmìng zhōng, wǒmen kàndào de shì duì jiàoyù shìyè de wúbǐ rè'ài.

　　Zài tā tuìxiū yǐhòu, hái jīngcháng huídào xuéxiào hē tóngshìmen tán jiāoxué, tiáojiě xuéxiào yǔ fùjìn qúnzhòng de máodùn, jìxù bāngzhù yǒu kùnnan de háizi. Tā shì bǎixìng yǒu kǒu jiē bēi de hǎo jiàoshī. Wǒmen wàngbuliǎo tā rèqíng de xiàoliǎn, wàngbuliǎo tā mánglù gōngzuò de shēnyǐng, yě wàngbuliǎo tā hē tóngzhìmen zài yìqǐ shí de kuàilè shíguāng. Rújīn, tā dàizhe měihǎo chōngjǐng líkāile wǒmen, jiù yào róngrùdào tā shēn'àizhe de zhè piàn tǔdì.

　　Péiyù táolǐ sānshí'èr zǎi, jūgōng jìncuì liùshí yú chūn. Lǐ Yīng tóngzhì rújīn xiānshì ér qù, ràng tā jìngjìng de líqù ba, qǐng suǒyǒu de qīnpéng hǎoyǒu jié'āi shùnbiàn. Wǒmen yídìng huà bēitòng wéi lìliang, yǐ Lǐ Yīng de gōngzuò jīngshén wéi bǎngyàng, wèi jiāxiāng de jiàoyù shìyè gòngxiàn quánlì.

　　Lǐ Yīng tóngzhì ānxī ba!

指導者の皆さん，ご来賓，ご親族・友人の皆さん：

　　今日，私たちは沈痛な気持ちでここに退職教師・李英同志を心から追悼します。李英同志は2005年6月9日病気によりご自宅で永眠されました。69歳でした。

　　李英同志は1964年9月本校で教職に就き，1996年6月30日めでたく退職されました。教職にある間，彼は何度も優秀教師として選ばれ，各級レベルの指導者の表彰を受けました。30数年の教師生活の中で，祖国の各戦線のために多くの優秀な人材を育て，実に桃李満天下（教え子が全国至るところにいる）であります。貧しくて中途退学した多くの子供たちは何度も彼から援助を受け，再び学校に戻って勉強を続け，中には社会の重責を担っている者もいます。李英同志の生命に私たちが見るのは教育事業に対するこの上ない情熱です。

　　彼は退職後もよく来校され同僚たちと教学について語り，学校と付近の人々との問題を解決し，引き続き貧しい子供を援助していました。

　　教え子を育てること32年，国のために献身的に働くこと60余年。李英同志は今や天に昇っていきました。静かに逝かせてあげましょう。親戚友人の皆さん，あまり悲しみませんように。私たちは必ず悲しみを力に変え，李英同志の仕事に対する精神を手本に，郷里の教育事業のために全力で貢献いたします。

　　李英同志，安らかにお休みください！

（c）会葬御礼など

　　追悼会を終えた後，もし死者の家族が感謝の意を表したいという気持ちであれば，通常，会葬御礼の形式で表し，新聞紙上に発表したり，追悼会に参加してくれた友人に送ったりします。会葬御礼には決まった形式はありません。感謝の気持ちを伝えるだけです。

感谢信 　　6月20日上午9时，许言的追悼会在北京第二殡仪馆纪念厅举行，许言的生前好友近百人参加了追悼会并瞻仰了他的遗容，另有他的许多好友发来了唁电，敬献了花篮，对此，特借此函向大家道谢！ 　　由于时间仓促，我们对许言的生前友好未能全部通知，在追悼会现场我们对各位也没能一一表示感激之情，希望大家谅解！ 　　再次感谢大家对许言生前及身后的关心和爱护！衷心谢谢大家！ 　　　　　　　　　　　　许言家属 　　　　　　　　　　2005年7月5日	Gǎnxièxìn 　　6 yuè 20 rì shàngwǔ 9 shí, Xǔ Yán de zhuīdàohuì zài Běijīng Dì'èr Bìnyíguǎn Jìniàntīng jǔxíng, Xǔ Yán de shēngqián hǎoyǒu jìn bǎi rén cānjiāle zhuīdàohuì bìng zhānyǎngle tā de yíróng, lìng yǒu tā de xǔduō hǎoyǒu fālāile yàndiàn, jìngxiànle huālán, duì cǐ, tè jiè cǐ hán xiàng dàjiā dàoxiè! 　　Yóuyú shíjiān cāngcù, wǒmen duì Xǔ Yán de shēngqián yǒuhǎo wèi néng quánbù tōngzhī, zài zhuīdàohuì xiànchǎng wǒmen duì gèwèi yě méi néng yī yī biǎoshì gǎnjī zhī qíng, xīwàng dàjiā liàngjiě! 　　Zàicì gǎnxiè dàjiā duì Xǔ Yán shēngqián jí shēnhòu de guānxīn hé àihù! Zhōngxīn xièxie dàjiā! 　　　　　　　　　　Xǔ Yán jiāshǔ 　　　　　　　　2005 nián 7 yuè 5 rì

会葬御礼

　6月20日午前9時，許言の追悼会が北京第二殯儀館で行われました。許言の生

前の友人百人近くの方々に追悼会に参加していただき，最後のお別れをしていただき，また故人の多くの友人の皆さんから弔電を頂戴し，花輪を頂戴いたしました。書中をもちまして皆様に御礼申し上げます。

あまりに突然のことで，許言の生前の親友の皆様すべてにお知らせできず，追悼会の場でも皆様にいちいち感謝の気持ちをお伝えできませんでした。どうぞご了察くださるようお願いいたします。

許言の生前，没後に対する皆さま方のご厚情に重ねてお礼申しあげます。本当にありがとうございました。

許言遺族
2005年7月5日

現代の葬儀儀礼においては，一般的には追悼会後に火葬が行われ，追悼の儀式も終了します。遺骨の保存及び埋葬はいずれも遺族自身によって処理され，特別な儀式はありません。しかし遺骨埋葬の儀式を行う場合もあります。この儀式では，ふつうあいさつ等はありません。

(d) 死亡通知の手紙

追悼会の儀式をしない場合，葬儀が終わってから親族及び友人に通知することはよく見られます。以下は親戚に宛てた通知の手紙です。

▼親族への通知の手紙

尊敬的二叔：

很久没写信，请原谅。

告诉您一个不幸的消息：我父亲于上个月20号上午因为心脏病和急性肺炎并发症入院，经抢救无效，在晚上11时不幸去世了。本来想通知各位亲属，但我父亲生前交代过，若是去世，办事从简，尽量不要惊动他人。所以，我们全家依照他的遗嘱，把后事已经办好了。

父亲让我们受到了良好的教育，把我们抚养成为有用的人才。我们不会辜负他的，一定会努力，把自己的事业做得更好，同时，也照顾好我们的妈妈，使她忘掉悲痛，幸福地生活下去。

希望您知道了这个消息不要太难过，您的年纪也很大了，一定要注意多保重。

敬请节哀

侄儿 景海 拜上
十二月十七日

Zūnjìng de èrshū:

Hěn jiǔ méi xiě xìn, qǐng yuánliàng.

Gàosu nín yī ge búxìng de xiāoxi; Wǒ fùqin yú shàng ge yuè 20 hào shàngwǔ yīnwèi xīnzàngbìng hé jíxìng fèiyán bìngfāzhèng rùyuàn, jīng qiǎngjiù wúxiào, zài wǎnshang 11 shí búxìng qùshì le. Běnlái xiǎng tōngzhī gèwèi qīnshǔ, dàn wǒ fùqin shēngqián jiāodài-guo, ruòshì qùshì, bànshì cóngjiǎn, jǐnliàng búyào jīngdòng tārén. Suǒyǐ, wǒmen quánjiā yīzhào tā de yízhǔ, bǎ hòushì yǐjīng bànhǎo le.

Fùqin ràng wǒmen shòudàole liánghǎo de jiàoyù, bǎ wǒmen fǔyǎng chéngwéi yǒuyòng de réncái. Wǒmen bú huì gūfù tā de, yídìng huì nǔlì, bǎ zìjǐ de shìyè zuòde gèng hǎo, tóngshí, yě zhàogùhǎo wǒmen de māma, shǐ tā wàngdiào bēitòng, xìngfúde shēnghuóxiaqu.

Xīwàng nín zhīdaole zhèige xiāoxi búyào tài nánguò, nín de niánjì yě hěn dà le, yídìng yào zhùyì duō bǎozhòng.

Jìngqǐng jié'āi

zhír Jǐnghǎi bàishàng
12 yuè 17 rì

尊敬する2番目のおじさん：
　ごぶさたいたして，申し訳ありません。
　よくないお知らせをいたします。父は先月20日午前，心臓病と急性肺炎の合併症で入院しましたが，応急措置も効なく，夜11時に亡くなりました。もともと親族の皆さんにはお知らせしようと思ったのですが，生前，父に，もしものことがあっても，葬儀は簡素にし，できるだけひとにご迷惑をかけないようにと言い聞かされておりました。そこで，一家全員父の遺言に従い，すでに喪儀をすませました。
　父は私たちによい教育を受けさせてくれ，私たちを有用な人材に育て上げてくれました。私たちは父に背くことはありません。必ず自分の仕事を成し遂げ，同時に，母の面倒を見て，悲しみを忘れさせ，幸せに生活できるようにいたします。
　このことで悲しみすぎないでください。おじさんもご高齢ですからお体を大事にしてください。
　心安らかにお過ごしください。

甥　景海　謹上
12月17日

▼死者の友人への手紙

刘伯伯：
　您好！
　我们是赵锦昌的孩子，突然写信给您，请原谅。
　我父亲上个月20号上午因为心脏病和急性肺炎并发症入院，经抢救无效，在晚上11时不幸去世了。他的身体不好已经很久了，体力也越来越弱，所以这次病倒没能抢救过来。不过，从发病到去世时间很短，没有受什么罪，走得很安详。这一点，还稍稍使人欣慰。
　我父亲生前得到过您的大力关照，在此，我们兄弟二人向您表示深切的谢意，并希望您多多保重身体。
　谨此告知，敬请节哀。
　　　　　赵景海　赵景春　敬上
　　　　　十二月十七日

Liú bóbo:
　Nín hǎo!
　Wǒmen shì Zhào Jǐnchāng de háizi, tūrán xiě xìn gěi nín, qǐng yuánliàng.
　Wǒ fùqin shàng ge yuè 20 hào shàngwǔ yīnwèi xīnzàngbìng hé jíxìng fèiyán bìngfāzhèng rùyuàn, jīng qiǎngjiù wúxiào, zài wǎnshang 11 shí búxìng qùshì le. Tā de shēntǐ bù hǎo yǐjīng hěn jiǔ le, tǐlì yě yuè lái yuè ruò, suǒyǐ zhèi cì bìngdǎo méi néng qiǎngjiùguolai. Búguò, cóng fābìng dào qùshì shíjiān hěn duǎn, méiyou shòu shénme zuì, zǒude hěn ānxiáng. Zhè yì diǎn, hái shāoshāo shǐ rén xīnwèi.
　Wǒ fùqin shēngqián dédàoguo nín de dàlì guānzhào, zài cǐ, wǒmen xiōngdì èr rén xiàng nín biǎoshì shēnqiè de xièyì, bìng xīwàng nín duōduō bǎozhòng shēntǐ.
　Jǐn cǐ gàozhī, jìngqǐng jié'āi.
　　　　　Zhào Jǐnghǎi　Zhào Jǐngchūn jìngshàng
　　　　　12 yuè 17 rì

劉おじさま：

　こんにちは。

　私たちは趙錦昌の子供です。突然のお手紙，お許しください。

　私たちの父は先月20日午前，心臓病と急性肺炎の合併症で入院しましたが，応急措置も効なく，夜11時亡くなりました。体が弱くなってすでに久しく，体力もますますなくなっていました。そのため今回倒れてからはあっという間でした。発病から亡くなるまで時間も短く，苦しみむことなく，安らかに旅立ちました。この点，少し慰めとなります。

　父は生前おじさんに大変お世話になりました。ここに私たち兄弟二人，心からの御礼を申し上げます。お体を大事になさってください。

　以上，謹んでお知らせいたします。心安らかにお過ごしください。

　　　　　　　　　　　　　　　　　　　　　　趙景海　趙景春　謹上
　　　　　　　　　　　　　　　　　　　　　　12月17日

（3）常用の挽聯

　葬式，特に正式の葬式では，挽聯がないとありきたりで，伝統的な葬儀の文化的雰囲気に欠ける感じがします。なぜなら，挽聯は哀悼を表す非常に重要な形式だからです。挽聯は死者を哀悼する，葬儀・祭儀専用の対聯です。死者に対する哀悼であり，残された者にたいする慰め・励ましでもあるのです。挽聯は，的を射て，真実味があると同時に，芸術性がなければなりません。ひと目見て忘れられないようでなければなりません。かつて，文人がすばらしい挽聯を書けたのは，深い学問があったことの表れです。以下に紹介する挽聯はいずれも逸品に属するものです。

▼楊度が孫中山を悼んだ挽聯

| 英雄作事无他，只坚忍一心，能全世界能全我；
自古成功有几，正疮痍满目，半哭苍生半哭公。 | Yīngxióng zuò shì wú tā, zhǐ jiānrěn yì xīn, néng quán shìjiè néng quán wǒ;
zì gǔ chénggōng yǒu jǐ, zhèng chuāngyí mǎnmù, bàn kū cāngshēng bàn kū gōng. | 英雄　ことを為すに他なし　只堅忍の一心　能く世界を全うし我を全うす
古より成功するもの幾ばくか有らん　正に満身創痍　半ば蒼生を哭し半ば公を哭す |

▼蔡元培が魯迅を悼んだ挽聯

| 著作最谨严，岂惟中国小说史；
遗言太沉痛，莫做空头文学家。 | Zhùzuò zuì jǐnyán, qǐ wéi Zhōngguó xiǎoshuōshǐ;
yíyán tài chéntòng, mò zuò kōngtóu wénxuéjiā. | 著作最も謹厳なるは　豈惟中国小説史のみならん
遺言太だ痛切なり　頭が空っぽな文学家に做る莫れ |

▼趙樸初が作家冰心を悼んだ挽聯

| 万口诵嘉言，爱就是一切； 四方传妙笔，文可耀千秋。 | Wàn kǒu sòng jiā yán, ài jiù shì yíqiè; sìfāng chuán miàobǐ, wén kě yào qiānqiū | 万口嘉言を誦すべし　愛就ち是れ一切なり 四方に妙筆を伝うべし　文千秋に耀く可し |

　以上の三聯は有名人が作った名聯です。こうした挽聯は作るのがとても難しいのですが，民間には準備された常用の挽聯もありますから，用途に応じて選び用いることができます。

▼常用される挽聯

音容已杳　德泽犹存	Yīnróng yǐ yǎo　dézé yóu cún
精神不死　风范永存	Jīngshén bù sǐ　fēngfàn yǒng cún
灵魂驾鹤去　正气乘风来	Línghún jià hè qù　zhèngqì chéng fēng lái
身逝音容宛在　风遗德业长存	Shēn shì yīnróng wǎn zài　fēng yí déyè cháng cún
春雨梨花千古恨　秋风桐叶一天愁	Chūnyǔ líhuā qiāngǔ hèn　qiūfēng tóngyè yìtiān chóu

　　面影は（記憶から）薄らぐも，恩沢は今も残る
　　精神は死なず　気概は永く存す
　　霊魂鶴に乗って去り　遺風　風に乗って来たる
　　身は逝けど面影は眼前に存し，遺風は残り業績は長く存す
　　春雨の梨花　千古の恨み　秋風の桐葉　満天の愁い

　哀悼の対聯の用語に関する参考資料はたいへん多くありますが，上記の例でほとんど理解できることと思います。要するに，きちんとした葬儀には，亡き人のためにささげる挽聯も重要な要素となるのです。

"你好"がヨロシイわけ

白井啓介

中国人どうしでも使ってきた!?

"你好" Nǐ hǎoは，対人関係が比較的疎遠な場合には，早くから使われてきました。1986年に在米中国人のPeter Wang（王正方）が監督した『グレートウォール A Great Wall』という映画の中で，青年が心を寄せる女性に"你好！"と声をかけると，彼女「何よ気取って，外人みたいな言いかたして！」と応じるシーンがあります。この頃は，「外国人相手」に"你好！"とあいさつすることがまだ常道だったのです。

ところが，その"你好"が，中国人どうしでもひんぱんに使われるようになってきました。たとえば，飲食店で食事が終わり，勘定をしてもらおうと店員を呼ぶ時，今までなら"小姐，结帐！" Xiǎojie, jiézhàng!と呼んでいたところでしょう。ところが最近は，この呼びかけの冒頭に"你好！"と切り出すことが見受けられます。もちろん"服务员，结帐！" Fúwùyuán, jiézhàng!と声をかける人もいます。こうして呼ばれた店員は，客の前に来てこう言うのです："你好！埋单，是吧！" Nǐ hǎo! máidān, shì ba?

さらに，たとえばCD屋さんで目当てのCDが見つからず，少し離れたところに店員がいるから訊ねてみよう，そんな時にも"你好，有没有○○的CD？"と声をかけることができます。すると，店員はすかさず笑顔で"你好，○○的CD，是吧？稍等一下，我找一下。" Nǐ hǎo, ○○ deCD, shì ba? Shāo děng yíxià, wǒ zhǎo yíxià.などと応じてくれます。

顔を会わせたとき，"你好！"と切り出すのは，なにもこうした接客業だけではありません。オフィスでも学校でも，実に日常的にひんぱんに"你好！"と言い合うようになってきています。

中国社会の構造的転換との関わり

"你好"が，このように中国人どうしの間で，日常的に使われ始めた理由として考えられるのが，現在の中国社会の構造的転換です。

人民共和国建国以来，中国社会は，濃密な人間関係を基盤に社会関係を構築してきました。それは社会の治安，秩序の維持の基礎でもありました。農村では，人びとが日々顔を合わせる範囲は限定されます。したがってよそ者が入り込めば，すぐに目立つし察知できます。都会では，本来は流動人口が多く，よそ者が目立ちにくいところに都市の本質がありますが，中国社会は，その都市においてさえ相互に「目が行き届く」社会を形成したのです。それは，工場，役場，学校，すべての"単位" dānwèiを，業務も生活も一体化させた社会システムとして構成したことで，いわゆる「単位社会」と呼ばれるものです。こういう組織の中では，ほとんどの構成員の間で，「顔見知り」の関係が構築されます。昼間は職場で，退勤後は職場の「社宅」で，日々接する人間関係は，基本的に同一でした。その「単位」を共産党が管理

するのですから，政治的意志は貫徹され，浸透させることが可能なのです。会社や役所，学校等の大規模な組織に属さない人，専業主婦や退職者のような人も，「社会化」「組織化」されました。"街道" jiēdàoと称する町内組織です。こういう顔見知りの人間関係の中では，見知らぬ人とのあいさつ語である"你好"は，確かによそよそしいと映ったはずです。名前を呼び合うことや日常の行動を問いかけること，たとえば"买菜去？" Mǎi cài qù?, "上班呢？" Shàngbān ne?, "吃了？" Chī le?で，十分あいさつの用を足せたのです。

1990年代末から，中国社会は都市部でも大きな変革が巻き起こりました。国営企業の構造改革であり，民営化です。これにより，それまで社宅に暮らし，日夜顔を合わせる関係であった人びとの生活にも変化がもたらされました。社宅を出て，それぞれマンションやアパートを都合しなければならなくなったのです。それは，マイナスばかりではありませんでした。昼も夜も顔を合わせねばならない人間関係から解放される側面があったのです。一方，新しいマンションや集合住宅に住む人びとは，以前のように同じ職場，組織の人とは限らなくなり，隣の住人が，どのような人なのか，自明のことではなくなりました。「単位社会」に比べて，人間関係は希薄になったのです。

こうした人間関係の希薄化が，"你好"が使われるようになった社会的基盤と，考えられます。

人間関係再構築の象徴的現象!?

住民どうしの関係が，以前ほど濃密でなくなったものの，そのまま疎遠なままで放置できないと見なされたためか，新しい住宅群を"社区" shèqūとしてまとめて位置づける動きが，行政側からも行われています。そのスローガンは，現在の中国社会全体の標語である"和谐" héxiéであり，"建设和谐社区" Jiànshè héxié shèqūと言われます。「単位社会」の時代には必要なかった動きですが，人間関係再構築のためには目下のところ重要な営みでしょう。

かつて文化大革命中（1966-1976）の革命一辺倒の時代に，ほとんど笑い話と言えそうな事例が記録されています。人びとは生産をいいだすと，たちまち「唯生産力論」だと糾弾されたため，友人どうしが顔をあわせ，あいさつを交わすにも，もう旧来のあいさつを交わすことができなくなりました。"吃了？" Chī le?, "吃啦！" Chī la!というのも，ふさわしくないと考えられ，これに代わって，次のようなあいさつをするしかありませんでした。"您革了命？" Nín gēle mìng?, "革了！您呢？" Gē le? Nín ne?, "革过了！还要继续革命！" Géguo le! Hái yào jìxù gémìng!, "继续革命！" Jìxù gémìng!

ほんの30年前の大仰で偏頗な時期から，「和諧」を目指す社会に転換されつつある中，開口一番，口をついて出る語が"你好！"だということは，あいさつことばの変遷の象徴的な現象と言えるでしょう。

IV

中華新意匠
―暮らしに生きる伝統図案―

馮　日珍／鈴木直子

　中国伝統の意匠が，今新たな息吹を吹き込まれてよみがえりつつあります。香港のブティック「上海灘SHANGHAI-TANG」は，上海に進出するばかりか東京にもショップを開いています。「双魚」や「双喜」の図案が，新しい色合いと単純にモディファイされた図案とで，現代のファッションに再現されているのです。また上海でも北京でも，こうした中国デザインの現代的再解釈が広がっています。

　ここでは，現在の中国社会によみがえる，伝統的図案，その意匠化の実例を集めてみました。服飾類，小物道具類，そしてロゴマークに託された中華新意匠。いまの生活に生きるこれら図案の中に，デザインの冴えも見えれば，伝統的な幸福感の再来，再建の願いが読み取れることでしょう。

- ⓐ102　1. 服飾類
- ⓐ110　2. 小物類
- ⓐ122　3. 商標，ロゴマーク

写真❶

図①　写真❷

図①（部分拡大）

1. 服飾類

　最近北京や上海の街角で中国的なデザインや図柄を現代ファッションに取り入れたデザインの服，またそれを着た人たちを見かけるようになりました。しかもかつてのお土産用のTシャツなどとはちがい，流行のスタイルに伝統図柄を配したり，伝統図柄の素材を現代風にアレンジした，伝統デザインと現代デザインを融合させたものなどバリエーションに富んでいます。

　特にTシャツやデニムなどのカジュアルスタイルに伝統図柄をモチーフにしたものが目につきます。

【龍】写真❶❷ともタツノオトシゴのようでやや迫力に欠けますが，龍の図柄です。簡略化された図案で古代の玉佩（ぎょくはい），青銅器などに見られる龍に似ています。

　龍は鳳凰（ほうおう），麒麟（きりん），亀とともに四つの霊獣（れいじゅう）――「四霊」の一つで，最大の霊獣です。体は長く，鱗（うろこ）があり，足があります。頭には角を持ち，陸を歩き，空を飛び，水中を泳ぐことができます。雲を呼び雨をふらすことができます。皇帝の象徴でした。

　龍の模様の歴史は古く，紀元前の青銅器にも龍紋がみられます。写真❷の龍の図案も図①の龍によく似ています。

【鳳凰】　写真❸は鳳凰がモチーフ。鳳凰は伝説上の瑞鳥で，鳳凰の飛来は天下泰平の象徴とされました。また，「百鳥の長」といわれ，龍に次ぐ権力の象徴として使われ，龍は皇帝，鳳凰は皇后を象徴します。後に民間でも吉祥動物として広く使われるようになりました。また鳳が雄，凰が雌であることから，鳳凰は夫婦仲むつまじいことを表わし，平和や慈愛のシンボルとしてしばしば結婚の祝いの図柄にも用いられます。

写真❸

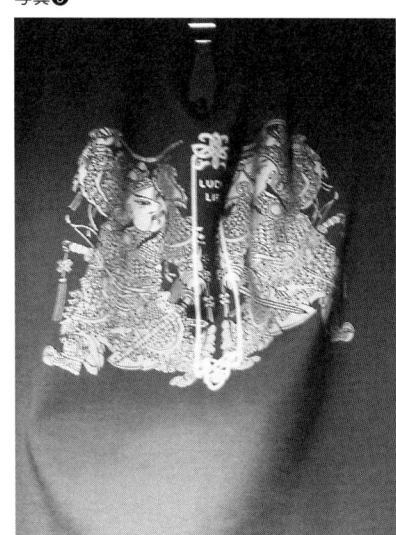

【門神】　写真❹は春節（陰暦の正月）に家の壁，窓，門などに貼る年画の図柄である「門神」。多くは吉祥図柄や神仏の絵。通常家の扉に貼り付け魔よけとし家内安全を願うものですが（図②），Ｔシャツの図案として使われているところがおもしろいものです。

写真❹

図②

中国語——暮らしのことば　103

図③

写真❺

図④

写真❻

図⑤（下部拡大）

図⑤

【孫悟空・猿】

写真❺は孫悟空。京劇（図③）やアニメの孫悟空の隈取の模様に似ています。孫悟空は『西遊記』に登場する架空の猿の化身。その物語から猿は長寿で，機智に富み，妖怪変化を恐れず，困難に挫けず，正義感が強いものの象徴として受けとめられます。

また，猿を表わす「猴」"hóu"と「侯」"hóu" は同音であるため，猿の図柄は爵位の象徴としても使われ，猿が連なる図は「輩輩封侯」（図④），馬に乗っていると「馬上封侯」といって出世を願う図として縁起がよいとされます。

【波と山】

写真❻は波と山をデザインしたTシャツ。波と山は皇帝や臣下の礼服である「袍」"páo"などのすそ模様（図⑤）に使われます。山や海のように寿，福が変わることなく続くようにという意味が込められます。

104 中国語──暮らしのことば

【梅】写真❼は中国の国画（水墨画）のような梅の傍らに讃文が描かれ，落款も見えますが，立体感のあるインクが線をつぶしてしまい，文字そのものは判別しにくくなっています。

梅は冬の寒さをしのいで，春一番に咲く花として高潔なイメージが託されます。寒さのなかで凛と咲き誇る姿は古くから文人に好まれ，竹，蘭，菊とともに四君子として，しばしば詩や絵の題材として描かれます。

Tシャツはシンプルな形ほど色や図柄でデザインしやすいもの。ここに挙げたもの以外にも獅子，花，蝶など吉祥図案，吉祥物をデザインしたものなどがあります。

このようなデザインのTシャツは若者に人気の商店街や小さな店，外国人観光客が訪れるショッピングセンターなどで見かけます。伝統図柄をただ転写したお手ごろ価格のものから，デザイナーによりデフォルメされ，新たな作品とも言えるデザインのものまで様々です。

写真❽は袖つけのないT字デザイン。襟はスタンドカラーですがチャイナカラーではありません。デザインとしては現代風。模様にデフォルメされた篆書体で「吉祥如意」の文字が刺繍されます。古代官服などでは，胸部に官位により方形や丸型に様々な模様を刺繍しますが（図⑧），これは丸型を上下にずらしたデザイン。

写真❼

写真❽

中国語——暮らしのことば 105

写真❾は「襖」"ǎo"（中国式上着）。蓮の花（図⑥）と金魚の図案。胸のあたりに「万事如意」を意味する回紋（図⑦）で方形の縁取りをし，中に蓮と二匹の魚を配しています。蓮は清廉潔白をイメージします。「蓮」"lián"は「連」"lián"と同音，「魚」"yú"は「余」"yú"と同音で「連年有余」"lián nián yǒu yú"にかけられ，伝統的な吉祥図柄です。

図柄を昔の官服補子（図⑧）のように方形に縁取って胸に配置しています。

写真❾

図⑥

図⑧

図⑦

106 中国語──暮らしのことば

写真❿は牡丹の刺繍。牡丹は刺繍の図案としてはオーソドックスな柄です。自然に咲いているように配置することが多いのですが，これは縦に流れるように置いて縦長のラインを強調しています。こうすることによって脇あきのチャイナ風の短い上着でもスタイルよく見えます。

牡丹は「富貴の花」「花王」とも言われ，富貴と栄誉の象徴とされています。このように蔓草が絡み伸びるように描き「富貴万代」を寓意します。

他にも牡丹と芙蓉を一緒に描き「富貴長春」，牡丹と海棠を描き「富貴満堂」，というように様々なモチーフと組み合わせ，服飾，装飾工芸品の図柄として使われます。

写真⓫〜⓰は現代中国を代表する服飾デザイナー劉慧黎氏のデザインした一慧"Yī Huì"ブランドの服。彼女は伝統意匠を現代ファッションに取り入れた，民族色豊かでなおかつモダンな感覚のコレクションを発表しています。

写真⓫⓬は雲紋や図⑦のような回紋をデフォルメした柄になっています。

写真⓫は前のあきにチャイナボタンを使っているところも，現代のデザインでありながら，伝統的な雰囲気を醸し出しています。

写真⓬はボヘミアンスタイルのデザインに雲紋，回紋を置き，あきをチャイナボタンにしています。

写真❿

写真⓫

写真⓬

中国語――暮らしのことば

写真⓯⓮は書画をそのままドレスのスカート部分にデザインとして写しだしています。スカートは上半身より面積が広いので，近くで見れば文字もはっきり見えそうです。

写真⓮は山水画がモチーフになっています。

⓯はチャイナカラーのホルターネック。チャイナレッド（朱赤）地にグリーンのプリント。これだけで充分中国風。胸元に蝙蝠"biānfú"が配され，スカート部分には「壽」の字を中心に4匹の蝙蝠が囲んでいます。胸元の1匹と合わせて「五福」（長寿，富貴，健康，徳行，天寿）がそろい「五福捧寿」"wǔ fú pěng shòu"（図㉕五福長寿図参照）となります。

写真⓰に見える通り，ファッション・ショーのフィナーレを飾るのにふさわしいデザインです。中央がデザイナーの劉慧黎氏。

2001年，上海で開催されたAPEC（アジア太平洋経済協力会議）において，各国の首脳が一斉に「唐装」"tángzhuāng"を着用したことが話題になりました。

このことが，それまで外国のもの，海外デザインばかりに目を向けていた中国の人々に，中国的なものに目を向けさせる契機ともなりました。実際「唐装」という語も，恐らくこのころから登場したものでしょう。『現代漢語詞典』では，第5版（2005年発行）から，ようやく収録されているくら

写真⓭　写真⓮

写真⓯

108　中国語——暮らしのことば

いです。

　この時期以降，オリエンタルなテイストを取り入れたものが，世界的に有名デザイナーのコレクションに登場するようになります。

　また90年代ごろから多くなった，中国から出国した留学生，移民した華人たちのアイデンティティーのよりどころとして，中国的なものを求めたことも，伝統的なモチーフがスポットを浴びる一因を作ったと考えられます。

　かつて，良質なレディーメードの中国服は「瑞蚨祥」「謙祥益」（いずれも北京），「真絲大王」（上海）等の老舗と，シルクを扱う店や外国人がよく利用する店でしか手に入りにくかったのですが，今では，街中でも一般に手軽に買えるようになっています。生地やデザインもカジュアルなものが増え，おしゃれに敏感な若者は洋服と気軽に組み合わせて，センス良く着こなしているようです。

　こうした伝統的なスタイルの中国服は，結婚式や宴会など，ややフォーマルな場面で着られているようです。

　一方，**写真⓰**のような刺繍入り上着などは，結婚式のゲストの側でこれらを着用する人が，見かけられます。

写真⓰

こんなときどう言うの？

祝祭日のことば

慶弔のことば

中華新意匠

中国語——暮らしのことば　109

2. 小物類

　小物類に伝統意匠は応用が利きます。

　伝統意匠は本来は結婚式や春節など慶事や祝祭日に目にするものでしたが，最近では衣類の他にもポーチや携帯電話のストラップ等，日常に使用する小物のアクセントとして使用されています。

　写真⓱は，ティッシュケースカバー。お約束の「蝙蝠(へんぷく)」と「双喜」"shuāngxǐ"が対面に2個ずつ刺繍されています。「蝙蝠」は「蝠」"fú"の字が「福」"fú"と音通のため幸福をもたらすとして古来より好まれる図案（図⑨参照）です。「双喜」も「喜び」が重なる意でやはり吉祥を表わします（図⑩参照）。

　写真⓲は中国結と玉を飾りに使用しています。玉には「一生平安」"yī shēng píng ān"の文字があります。玉のついた中国結は仏教伝説で八種の吉祥の一つである「盤長」"pánchǎng"をかたどり（図⑪参照），長寿無窮や長久不断を寓意しています。

　カバー中央の模様は太陽を図案化したもの。易学の陰陽説では陰をあの世，陽を現世とみなすことから，この図案には不断の天下太平を願う意がこめられています。

写真⓱

図⑨

図⑩

写真⓲

図⑪　盤長

110　中国語——暮らしのことば

写真⑲a，写真⑲bは小物入れやコースターに見受けられる図案。中央の文字は長寿を表わす「壽（寿）」"shòu"。刺繡の色は赤や緑など，カラフルな色が使われています。赤は中国では婚礼や春節のような慶事に用いられる色で，めでたさを象徴します。図⑫は壽（寿）の字を図案化したものです。

写真⑳aは小型のポーチ。柄の両側の部分に古銭を用いたデザイン（写真⑳b）。古銭は邪を遠ざけ富裕のイメージを持ちます。この古銭は四角い穴が開いたもので，穴は「孔」，つまり眼の意味を持ち，「銭」"qián"は「前」"qián"と同音のことから「眼前」"yǎnqián"の意味を表わします。

布地の柄は卍をかたどったもの。「卍」"wàn"は「万」"wàn"と同音で吉祥万福の意になります。また模様が縦横に連鎖し万福の不断長久を表わします（図⑬は卍模様）。

「卍」と「古銭」が揃い，万福が眼前にあるという，実にめでたい意味となります。

写真⑲a

図⑫

写真⑲b

写真⑳a

図⑬

写真⑳b

中国語──暮らしのことば　111

写真㉑

写真㉒

図⑭　「双銭」模様の鍋

図⑮　福寿双全

　写真㉑も写真⑳と同じく古銭をしおり部分に用いたノートカバー。古銭には「嘉慶通宝」と書かれています。
　写真⑳も㉑も本物の古銭を使用しているわけではなく，飾りの一種としての古銭モチーフのようです。

　写真㉒は口紅ケース。右側に見える図案は「蝙蝠」とその下に対になった古銭。蝙蝠の羽根は蔓草状の模様となっています。「蔓草」の「蔓」"wàn"は「万」"wàn"との音通から，福が末永く続く意になります。
　また，古銭が二つ対に並ぶのは，「双銭」"shuāngqián"（図⑭参照）と「双全」"shuāngquán"の音通で，二つが揃う意。つまり「万福双全」"wàn fú shuāng quán"ということになります。
　蝙蝠と古銭の組み合わせは，伝統図案の「福寿双全」"fú shòu shuāng quán"に見られます（図⑮参照）。蝙蝠と桃，二つのお金（双銭）を組み合わせた図案で，蝙蝠の「福」と，桃の実の象徴する「長寿」が「双全」する，つまり揃う意になります。

112　中国語——暮らしのことば

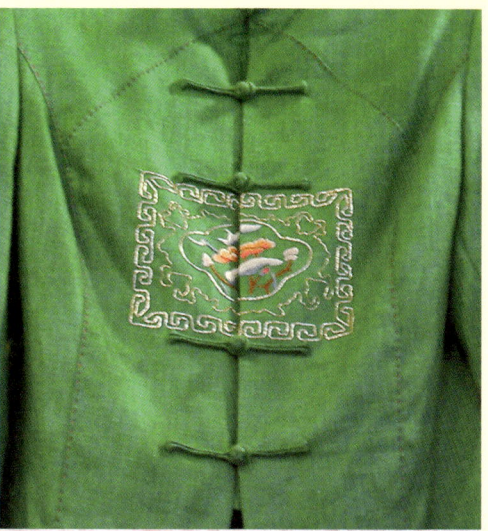

写真❷	写真❾
写真❽	写真㉒
	写真㉓b
写真⓳	

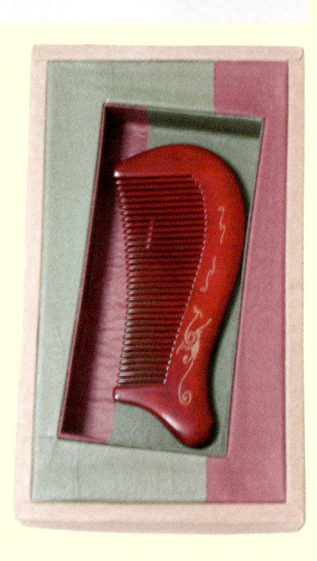

写真㉔
写真㉙
写真㉕
写真㉝ 写真㉜ 写真㉖

写真㉓aはシルク素材のポーチの中にスリッパが入ったもの。ポーチには花と蝶，スリッパには蝶の刺繍，その蝶の羽根にはビーズ飾りが施されています。

写真㉓bは，これも蝶をデザインした小物入れ。広げると六角形の形ですが，折り畳めるようになっています。このタイプのゴミ箱もあります。

「蝶」"dié" は「耋」"dié" と同音で長寿を表わし，蝶の羽根の美しい色や花に戯れ舞う姿から，愛情や結婚のイメージに結びつきます（図⑯参照）。スリッパの左右に刺繍された一対の蝶は「双喜」を表わし，夫婦円満，末永い愛情を象徴します。

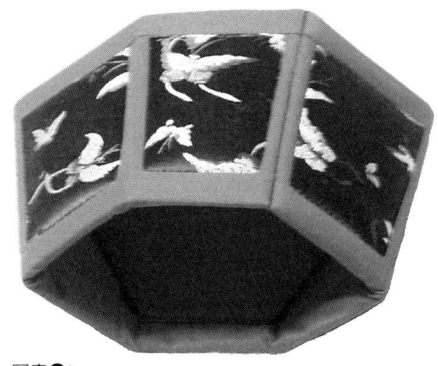

写真㉓a

写真㉓b

図⑯

中国語──暮らしのことば　113

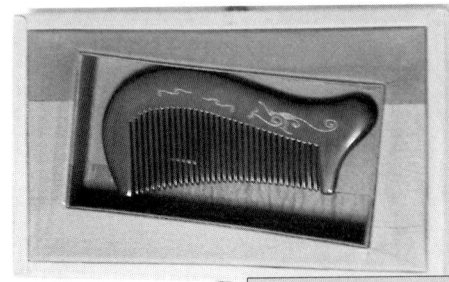

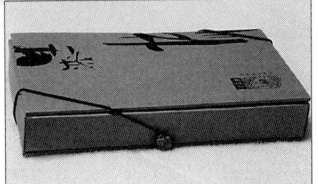

写真❷は名刺入れ。留め具部分に中国結をアレンジしてあります。中国結は桃の実をかたどったもの。

桃は春の象徴であり，愛情や慶事，長寿を表わします。名刺入れの素材はカーフ素材で，柔らかな感触と色彩が中国結の桃のイメージを引き立てています。

写真❷も名刺入れ。こちらは子供の図案。子供を描いた図案は子孫繁栄を願う意が込められ，子供が楽しく遊ぶ姿を描いたもの（図⑰）は，正月に飾る年画などによく見られます。

写真❷は櫛。櫛の入った外箱の留め具飾りに赤い中国結（中国風の結び方）をあしらっています。

櫛の模様は「鳳凰」と「雲」。「鳳凰」"fènghuáng"は伝説の鳥の王で吉祥を表わし，「鳳」"fèng"は「豊」"fēng"との音通から豊かさを象徴します。また「雲」"yún"も天上，神仙の乗り物で吉祥を表わします。流れるような雲の図案は「流雲錦」（図⑱参照）といい，綿綿不断を意味します。鳳凰と雲で不断の富を象徴しているわけですが，櫛に描かれたということで，豊かな髪をいつまでも保つようにとの願いが込め

写真❷

写真❷

図⑰　嬰戯図

写真❷

図⑱　祥雲

114　中国語──暮らしのことば

られているのかもしれません。

写真㉗は箸セットの外箱。

描かれている図は，花瓶と壺。左には花を挿した花瓶が，右の壺の真ん中には「双喜」の文字が描かれています。

右側に配される壺は，ひび割れ目のある「碎瓷瓶」（図⑲参照）で，「碎」"suì"は「歳」"suì"の，「瓶」"píng"は「平」"píng"の音通となり，「歳歳平安」"suì suì píng ān"の意を表わします。左の花瓶も"瓶"と"平"の音通で，やはり"平安"の意です。

写真㉘は提燈。中央には「福」の字が見えます。左の緑色の提燈は針金で「福」の字を中心に亀甲模様「亀紋」を描いています。右側の赤い提燈は「福」の字を中心にやはり針金で円形の模様と，対になった渦巻き模様（「回紋」）を形作っています。

「亀紋」（図⑳参照）は亀の甲羅模様で，「亀」は鶴と同様に長寿の象徴とされ，伝統意匠では愛好される生物です。また「亀」"guī"と「貴」"guì"との音通から富貴の象徴とも見なされます。

この提燈は北京のアンティーク市場である潘家園旧貨市場に並んでいたものです。一般のインテリアと言うよりは，伝統色を押し出した「老北京」を謳ったお店に置いてあったことから，アンティーク寄りと言えそうです。

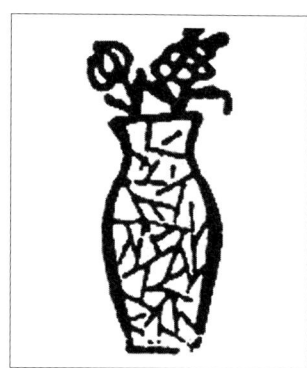

写真㉗

図⑲ 花瓶

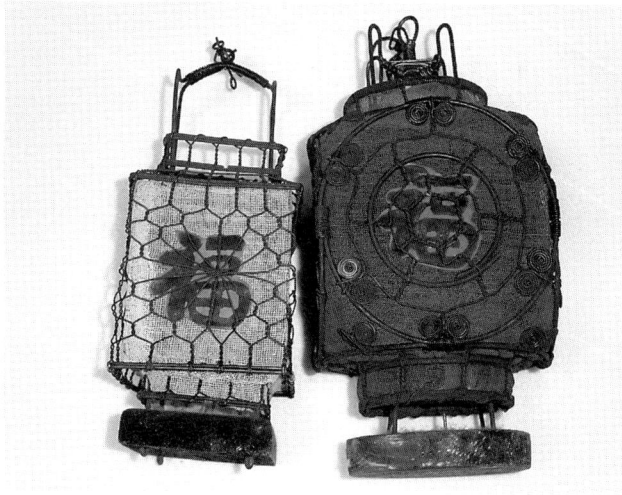

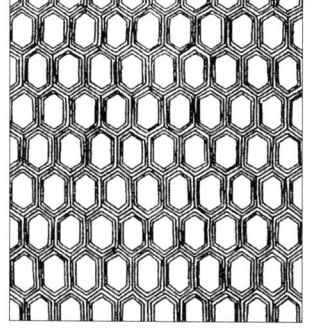

写真㉘

図⑳ 亀紋

中国語——暮らしのことば

図㉑ 靴　　　　　図㉒ 倒福

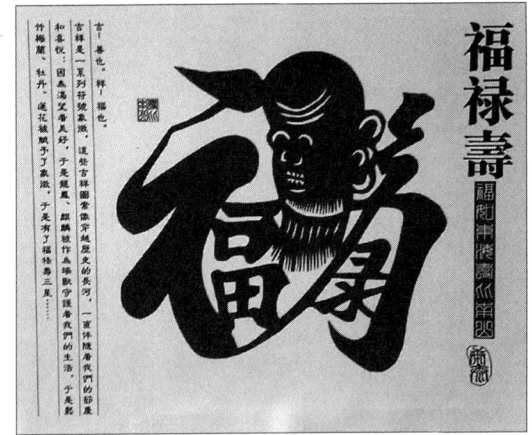

図㉓ 【福禄寿】切り絵風カレンダーの図案

図㉔

【伝統的な吉祥飾り】

　図㉑の靴と中国結を組み合わせた飾りは，壁に掛けた靴つまり「壁鞋」"bìxié"と「避邪」"bìxié"との音通から，邪を避ける，魔除けの意味を持ちます。

　図㉒の「倒福」"dàofú"は"福"を"倒"（逆さ）にすること。「倒」"dào"と「到」"dào"が同音であり，「倒福」"dàofú"を逆から読むと「福倒」，つまり「福到了」"fúdàole"=「福が来た」の意味になります。

　逆さになった「福」の字の周囲には，左右に魚（双魚），上には蝙蝠，下にお金（元宝）が描かれています。

　図㉓の福禄寿は南極星の化身。寿星，南極老人または南極仙翁といわれ生命をつかさどり，長寿のシンボル（図㉔右上が寿星）です。

　写真㉙は小型バッグ。赤い生地と黒い生地とが市松模様になったデザインで，赤地には中央に「寿」の字とその周りを「蝙蝠」が環状に取り囲む図案です。写真でははっきり見えませんが黒地には「龍」や「牡丹」「蔓草」の図案があります。

「寿」は長寿,「蝙蝠」は福を表わし,ここでは「寿」の周りを5匹の「蝙蝠」(つまり「五福」)が取り囲んでいます(図㉕参照)。「五福」とは「長寿」「富貴」「健康」「徳行」「天寿」の5つの福を表わしているため,この図案は「五福長寿」"wǔ fú cháng shòu"を象徴しています。

「龍」の図案は火珠のまわりを取り囲む図。「珠」は宝物であり,「珠」と「龍」の組み合わせは「戯珠」"xì zhū"と呼ばれ,天下太平,吉祥を象徴します(図㉖参照)。

写真㉙

図㉕　五福長寿

図㉖　龍と火珠

龍は小物だけではなく，建築や室内装飾にも使用されます。左の写真（図㉗）は建物の梁に龍を用いたものです。

「牡丹」は華やかな花の様子から富貴の象徴とされ，富裕，富貴を意味します（図㉙参照）。

写真㉚はボトルカバー。図案は鳳凰です。
チャイナ服を模したデザインで，ボトルに服を着せる発想がおもしろいものです。
中国結は「寿」の文字をかたどったもの（図⑫参照）。
鳳凰の「鳳」"fēng"（図㉚）は「豊」"fēng"であり，富貴，長寿の象徴として好まれる図案です。

図㉗　梁に使用される龍

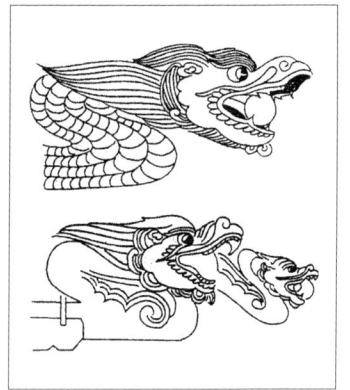

図㉘　建築に使用される龍の図案　　図㉙　牡丹

図㉚　鳳凰

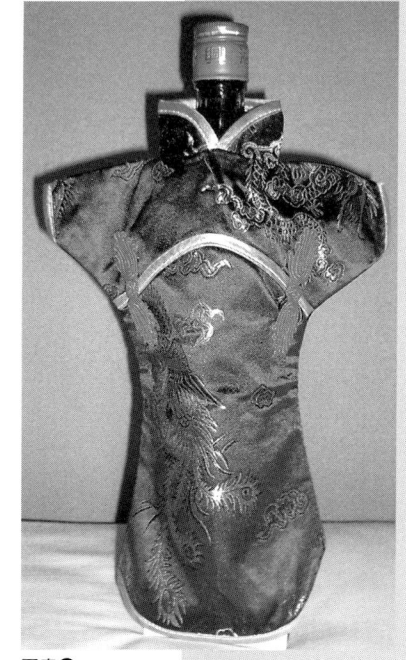

写真㉚

118　中国語──暮らしのことば

写真㉛は蓮の花をかたどったロータスランプ。「蓮花」は仏教の浄土の象徴であり，泥水に染まらない清廉なイメージもしくは君子のイメージを持つ花です（図㉛参照）。また「蓮」"lián"は「連」"lián"の音通で末永く繁栄する意味で使われます。

ちなみにこのランプはインテリアとして室内に飾るかと思いきや，寺院や仏壇に飾られている場合が多く，どうやら仏具としての実用品のようです。

写真㉜は絹製の箸入れ。二頭の羊の上下には蝙蝠の如意，羊の真ん中には獅子を図案化した模様「二獅滾綉球」"èr shī gǔn xiù qiú"がみえます。

「如意」"rúyì"は，元来は背中を掻く「孫の手」のことで，仏具の一種（図㉜参照）です。中国では，清代に大いに愛好され，皇帝皇后の愛玩物となり，「称心如意」"chèn xīn rú yì"のめでたい象徴として贈答にも用いられ，吉祥図案に転用されるものです。

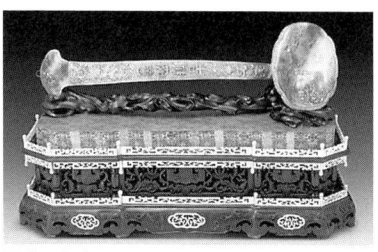

写真㉛

図㉛　蓮花

図㉜　如意

写真㉜

中国語──暮らしのことば　119

図㉝ 羊　　　　　　図㉟ 二獅滾綉球

図㉞

写真㉝

図㊱　八宝

「羊」"yáng"は「祥」"xiáng"の字に通じ，吉祥の象徴とされます（図㉝参照）。

また「二獅滾綉球」という図案（図㉞㉟参照）は，雌雄二頭の獅子が戯れ絨毛が絡み合い球となり，その中から獅子の子が生まれるという伝説を，繍球の形に図案化したものです。「獅子」"shīzi"の「獅」"shī"は「師」"shī"との音通で，周代の官位を表わすことから獅子図案は官界での栄達を象徴するものとされます。

写真㉝はクッションカバー。これにも盛りだくさんの吉祥図案が描かれています。これらの図案は仏教の八つの吉祥を表わす器物「八宝」を表わしています。

「八宝」とは「法螺」「法輪」「宝傘」「白蓋」「蓮花」「宝瓶」「双魚」「盤長」の八つの宝のことです（図㊱参照）。

120　中国語──暮らしのことば

カバーの中央左右には「双魚」の図案が見られます。「魚」"yú"は「余」"yú"と音通し、「富裕」"fùyú"を表わし、二匹の魚で富が重なる意になります（図㊲参照）。

写真㉞は籠。蓋の部分には竹の図案と取っ手があり、周囲は梯子状の模様。

「竹」"zhú"は「祝」"zhù"との音通から祝賀の意、めでたさを象徴し、また冬でも葉を落とさない性質から志高、高節を表わすとされます（図㊳参照）。

また「梯子」は高く昇っていく寓意。

最近の茶芸ブームで、茶芸館などで茶道具や菓子入れとして使用されているのを見かけます。

図㊲　伝統的な切り絵の【双魚】【双喜】

写真㉞

図㊳　竹

中国語——暮らしのことば　121

写真㉟

写真㊱

写真㊲

3. 商標，ロゴマーク

　中国の会社，学校などが使うロゴマークや社章にも中国伝統意匠を転用，再解釈したものが見られます。

　写真㉟は中国聯合通信有限公司。携帯電話，通信会社です。ロゴは中国結「盤長」のデザイン。盤長は八種の吉祥を表わす器物「八方吉祥」の一つ（図⑪参照）です。一筆書きのデザインは全てがうまく通じ，途切れることがないことを表わし，どこにでも通じる通信会社のシンボルとされます。上下二つのハート型は人と人の心をつなぐことを意味しています。

　写真㊱は中国国際航空公司。「鳳凰」（図㉚参照）をモディファイしたデザインです。また赤い3本の線が，英語のVIPの文字もかたどっています。鳳凰の行くところには平和と幸せをもたらすという意図を表わしています。「中国国際航空公司」の文字は鄧小平が揮毫した題字です。

　写真㊲は中国東方航空。燕のデザイン。円の上半分の赤い部分は朝日，下半分の濃紺部分は海を表わします。燕は古代「玄鳥」といわれ，吉祥を表わす鳥とされています。この図案の広げた翼と尾は東方航空の英文「CHINA EAST-

ERN」の「C」と「E」も表わしています。

　写真㊳は上海航空のロゴマークで，仙鶴をかたどったデザイン。鶴は鳳凰に次ぐ吉祥を表わす鳥です。また，鶴が羽を高く掲げる姿は，「上海」の「上」の文字も表わしています。

　写真㊴は深圳航空。古代，神の鳥とされた「鵬」の象形文字（図㊴）をデザイン化したもの。深圳が「鵬城」"Péngchéng" という別称を持つことに由来します。

　写真㊵はアモイ航空。青空に飛ぶ白鷺をデザインしたものです。アモイの別称は「鷺城」"Lùchéng"。白鷺は「路」と同音で，蓮と一緒に描かれ「一路連科」"yī lù lián kē"（科挙に合格を願う），芙蓉とで「一路栄華」"yī lù róng huá"，牡丹とで「一路富貴」"yī lù fù guì" という願いを表わします。

　写真㊶は，中国銀行のロゴマーク。このロゴは，一見「中国」の「中」をデザインしただけのようですが，「中」と「古銭」を図案化したもの。銀行のホームページにはロゴマークの説明もあり，周囲の円には世界を繋ぐ意も込められているそうです。

写真㊳

写真㊴　　図㊴

写真㊵

写真㊶

写真㊷

写真㊸

写真㊹

写真㊷は上海誠大酒業。古代の玉（ぎょく）の龍をデザインしたもの。玉は古来より魔よけや吉祥のお守りとして大切にされています。企業のロゴとして，龍頭と尾の間を空けて「誠」"chēng"の「c」も表現しています。

写真㊸は，雲南省のプーアル茶の会社のもの。茶葉と走る馬をデザインしています。馬が天に向かって走る姿を龍にたとえて「玉龍」「天馬」などともいいます。雲南省の茶馬古道を通ってお茶が運ばれたことも寓意されています。

写真㊹は，商標登録等の代理業務を行う企業のロゴマーク。「如意」（図㉜参照）を一筆書きのように滑らかな筆致で図案化。如意は，元々は仏具ですが，その名から願いがかなう，思い通りになる吉祥を表わすものと好まれました。

写真❹はカササギ，中国語では「喜鵲」"xǐquè" といい，幸せを告げる鳥。「喜」の字を使用することから縁起の良い鳥として扱われます。別名はロゴにもあるように「報喜鳥」"bàoxǐniǎo"。「吉報を告げる鳥」といいます。

これは，浙江省の紳士服メーカーのロゴマーク。

写真❹❺ともに社名になっている名称を，そのままロゴマークとして使っていますが，デザイン的にはそれぞれデフォルメされて，現代的な図案となっています。

写真❺

【参考】
●ブランド
衫情水秀
上海衫国演义
五顔六色
一慧
●購入店等
皇錦 EMPEROR
魚楽居 gogofish
重慶譚木匠工芸品有限公司

中国語──暮らしのことば 125

あとがき

　『中国語　暮らしのことば』をお届けします。

　中国語友の会の編集による『中国語』第2弾となる本書は，編集執行担当を定め，その統括の下で企画編集を進めることとしました。

　中国の日々の暮らしの中でこころを伝えることば，そしてことば以上に雄弁に情意を表わす意匠，それがどれだけ踏襲され，創新されているか，本書の主眼はこれを少しでも明らかにすることです。

　喜びを表わす像（かたち），縁起を担ぐ図柄，吉祥を託す図符，これらが新しい装いで今日に生き続ける姿には，中国の人々の幸福観，事物への好悪の感覚，暮らしの中の願望が示されます。

　日常のあいさつ，ことばのやりとりの基本を習得した上で，祝祭日の言祝ぎ，さらには祝福，愛の告白，そして悲しみや哀悼をどう伝えるか，これも暮らしの中の禍福の感覚に基礎づけられます。

　外人である我々日本人が特に対応に困惑するのは，いわゆる冠婚葬祭の不祝儀の方でしょう。これについては，過去の事例，ひな形を求めてみました。中国人の生活の中での，正統的様式を示したことになります。

　ただ，中国語で表明するとしても，我々日本人は，必ずしも中国人と同じ様式に囚われる必要はないでしょう。伝えるこころが共有されるなら，それを表わす中国語表現には独自性があってよいはずです。それが，翻って中国語の表現を豊かにする可能性もあります。踏襲と創新のバランスを見計らい，さらに追究したい課題です。

　各編の著者の方々には，貴重な知見と学識を存分にご提供いただきました。また，第1弾の『中国語　基礎知識』に引き続き，今回も大修館書店に発行を引き受けていただきました。ご尽力いただいた多くの方々に，この場を借りて感謝の意を表わしたいと思います。

　読者の方々にとって，本書が有意なものとなりうること，それだけを願っています。

2008年3月15日

中国語友の会編集委員
白井　啓介

[編者]
中国語友の会

[執筆者]
平井和之（日本大学）
孫　国震（一橋大学・和光大学）
依藤　醇（東京外国語大学）
孫　玄齢（麗澤大学）
小林二男（東京外国語大学）
白井啓介（文教大学）
馮　曰珍（文教大学）
鈴木直子（文教大学）

中国語 暮らしのことば
© 中国語友の会 2008　　　　NDC820/126, 2p/26cm

初版第1刷　————　2008年5月1日

編者　——————　中国語友の会
発行者　—————　鈴木一行
発行所　—————　株式会社 大修館書店
　　　　　　　〒101-8466 東京都千代田区神田錦町3-24
　　　　　　　電話 03-3295-6231（販売部）03-3294-2352（編集部）
　　　　　　　振替 00190-7-40504
　　　　　　　[出版情報] http://www.taishukan.co.jp

装丁　——————　クリヤセイジ
イラスト　————　クリヤセイジ／宇俊之
本文デザイン　——　井之上聖子
編集協力・校正　——　中国文庫株式会社
印刷所　—————　壮光舎印刷
製本所　—————　司製本

ISBN978-4-469-23245-5　Printed in Japan
Ⓡ本書の全部または一部を無断で複写複製（コピー）することは、
著作権法上での例外を除き禁じられています。

大修館書店　中国語関連書籍

中国語友の会 編
中国語 基礎知識
◆まるごとわかるこの1冊

中国語とは，こんなことば──

発音・ピンイン・簡体字・方言などの解説から始まって，基本的な文法の解説，基本動詞を使った日常的な表現，北京オリンピックの種目を含むスポーツ用語，さらに中国語学習に欠かせない辞書・学習書の紹介まで，中国語についての基礎情報をまるごと入れたのがこの1冊です。

◆主要目次
- Ⅰ 中国語入門知識
- Ⅱ 大学2年間・240時間分をまとめてチェック！
  ～『中国語初級段階の文法ガイドライン』
- Ⅲ これで大丈夫！ 基本動詞練習帳205語
- Ⅳ 中国語スポーツ用語集
- Ⅴ 中国語学習情報（パソコン・電子辞書・辞書・学習書）

●B5判／152頁
本体1,700円

相原茂・木村英樹・杉村博文・中川正之 著
新版 中国語入門 Q&A 101
●四六判／234p／本体2,200円

中国語学習 Q&A 101
●四六判／250p／本体1,800円

相原茂・荒川清秀・喜多山幸子・
玄宜青・佐藤進・楊凱栄 著
中国語教室 Q&A 101
●四六判／250p／本体2,200円

輿水優 著
中国語基本語ノート
●B6判／330p／本体2,200円

続 中国語基本語ノート
●B6判／530p／本体3,600円

杉村博文 著
中国語文法教室
●A5判／306p／本体2,600円

荒川清秀 著
一歩すすんだ中国語文法
●A5判／256p／本体2,300円

相原茂 編著
中国語学習ハンドブック 改訂版
●A5判／338p／本体2,200円

塚本慶一 著
中国語通訳への道
●A5判／352p／本体2,900円　【CD全2巻】本体9,000円

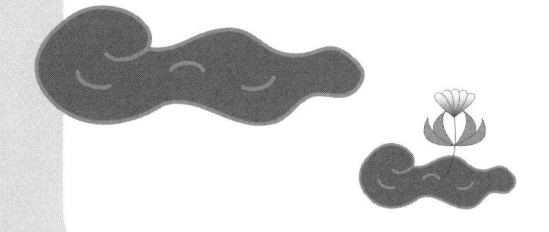

定価＝本体＋税5％（2008年4月現在）